KB095616

살고 싶다면 웨이트

살고 싶다면 웨이드

테스토스테론,
구보 다카후미 지음

김향아 옮김

가장 과학적인 근력 예찬론

현익출판

들어가며

안녕하세요. 접니다. Testosterone(테스토스테론)입니다. 갑작스럽지만 저를 모르는 분을 위해 간단하게 자기소개를 하겠습니다. 저는 웨이트 트레이닝이 이 세상에 존재하는 거의 모든 문제를 해결하리라는 믿음으로, 책과 SNS 등을 통해 지속적으로 정보를 전달하고 있는 Testosterone이라고 합니다.

웨이트 트레이닝의 확산 활동을 시작한 계기는 저만의 강렬한 경험에서 비롯되었습니다. 고등학교 1학년 때, 저는 체중이 110kg이나 나가는 비만이었습니다. 그러나 미국 유학 시절, 웨이트 트레이닝을 만난 후 인생이 180도 달라졌습니다. 40kg 가까이 다이어트에 성공한 것뿐만이 아닙니다. 게으르던 나 자신은 군살과 함께 사라졌고 그 대신 몸과 마음의 건강과 목표를 달성하는 힘, 투지, 자존감 등 살아가는 데 중요한 힘이 근육과 함께 몸에 붙기 시작했습니다. 웨이트 트레이닝으로 성과를 내는 데 필요한 올바른 식습관 지식과 충분한 수면, 하드 트레이닝을 지속하기 위한 규칙적인 생활과 같은 다양한 운동의 본질이 저에게 날개를 달아 준 것입니다.

귀국 후, 일본에는 웨이트 트레이닝이 압도적으로 부족하다는 사실을 깨닫고, 웨이트 트레이닝이 갖는 엄청난 효능을 많은 사람과 공유하고 싶다는 마음으로 트위터Twitter를 시작했습니다. 이를 계기로 저서도 쓰게 되었고 첫 작품인 《웨이트 트레이닝이 최강의 솔루션이다》는 일본에서 누계 13만 부를 넘는 베스트셀러가 되었습니다. 2014년 9월 6일에 시작한 트위터 팔로워 수는 3년 반 만에 45만 명을 돌파했습니다. '웨이트 트레이닝을 시작했더니 정말 인생이 바뀌었습니다', '헬스장에 다니기 시작한 후 매일 즐거워요'. 이렇게 기분 좋은 의견들이 속속 달리는 것을 보며 웨이트 트레이닝이 인생을 바꾼다는 확신은 더욱 커져만 갔습니다. 하지만 이런 식으로는 아직 부족했습니다. 조금 더 많은 사람에게 웨이트 트레이닝의 가치를 알리고 싶었습니다. 웨이트 트레이닝의 장점을 전하고 사람들의 인생을 행복하게 만드는 것이야말로 저의 사명입니다.

그래서 이 책에서는 어떻게 전달하면 좋을지를 고민했습니다. 전작 《웨이트 트레이닝이 최강의 솔루션이다》와 트위터에서는 웨이트 트레이닝의 효과를 재밌고 알기 쉽게 전달하는 데 중점을 두었습니다. 이번에는 거기에 더해서 '왜 웨이트 트레이닝을 해야 하는가'라는 명제에 대해 과학적 증거를 사용한 이론적인 설명을 시도했습니다. '정신력만으로는 한 걸음을 내딛기 어렵다'라는 사람도, '정말 웨이트 트레이닝이 효과가 있을까?' 생각하는 회의적인 사람도 분명 수긍할 수 있는 내용일 것이며, 이미 웨이트 트레이닝을 시작하여 효과를 체감한 사람도 과학적 근거를 알게 되면서 더욱 긍정적으로 운동할 수 있을 것입니다.

이론 설명은 와세다대학 대학원 스포츠과학연구과 박사 과정에서 최신 스포츠 과학을 연구하고 있는 구보 다카후미 박사에게 협력을 부탁했습니다. 구보 박사는 국제 공인 체력관리 전문가Certified Strength and Conditioning Specialist, CSCS로, 일본 국가 대표 선수를 비롯해 뛰어난 운동선수 지도에도 힘쓰고 있는 우수한 트레이너이기도 합니다. 이번에 구보 박사에게는 트레이닝 이론과 스포츠과학, 운동생리학 등에 대해 세계 각국에서 나날이 진행되고 있는 연구 논문 조사를 의뢰하고, 웨이트 트레이닝이 우리에게 준 혜택에 대한 과학적 근거와 메커니즘에 관해 알기 쉽게 해석을 부탁했습니다. 구보 박사는 모호한 정보나 연구 방법 자체에 문제가 있을 법한 문헌에는 닥치는 대로 NO를 외치는 강단 있는 연구자이므로 이 책에 실린 근거는 신뢰할 만합니다.

또 하나, 이 책의 핵심이라고 할 수 있는 부분은 바로 '웨이트 트레이닝을 시작함으로써 실제로 인생을 극복한' 사람들의 실화를 기반으로 구성한 르포 만화입니다. 선천성 색각色覺 이상으로 경찰관의 꿈을 단념한 청년과 주변의 시선을 신경 쓴 나머지 학교에 적응하지 못하고 보건실로 등교했던 간호학과생, 나약하고 자신의 공에 자신이 없던 야구선수, 완벽주의와 심한 강박장애로 팔의 떨림이 멈추지 않았던 의대 수험생……. 이러저러한 곤란과 맞서 싸운 분들을 제가 실제로 인터뷰하여 그 체험을 전해 들었습니다. 용기를 가지고 행동하고 웨이트 트레이닝을 계기로 운명을 개척한 그들의 이야기는 보는 사람에게 감동을 줍니다. 인터뷰 중에는 들키지 않으려고 아무렇지 않은 척 했지만, 사실 평균 인터뷰 하나당 3번 정도 울었습니다(웃음). 그들의 이야기는 어쩌면 과학적 근거 이상으로 웨이트 트레이닝의 의의를 가르쳐 주는 것일지도 모르겠습니다.

웨이트 트레이닝의 수많은 효과를 국민에게 알려 국가를 근본적으로 튼튼하게 만드는 것이 저의 궁극적인 목표입니다. 저 자신도 이 책의 제작 과정을 통해 웨이트 트레이닝이 갖는 굉장한 가능성을 재확인했습니다. 나 자신이 싫다, 업무에 의욕이 나지 않는다, 자신감이 없어 도전할 수 없다, 체력이 떨어진다, 항상 부정적인 생각을 한다……. 이러한 문제는 웨이트 트레이닝을 시작함으로써 거의 확실하게 해결할 수 있습니다. 웨이트 트레이닝 인구가 한 사람이라도 늘어난다면 그만큼 행복한 인구도 늘어납니다. 저는 이러한 신념을 가지고 웨이트 트레이닝의 이로움을 꾸준히 전파하고 있습니다.

믿으십시오. 웨이트 트레이닝은 최강의 솔루션입니다.

차례

제1장

죽고 싶을 만큼 힘들 때는

웨이트 트레이닝을 하라

죽고 싶을 만큼 힘든 마음은
근육에 풀자

삶이 너무 힘들다고 생각하는 당신! 웨이트 트레이닝으로 그 마음을 근육에 풀어 버리자! 웨이트 트레이닝은 근육을 쳐부수겠다는 마음으로 자극하여 근육이 '이대로 가다간 죽겠다'라고 생각하게끔 만듦으로써 근육을 성장시키는 활동이다! 웨이트 트레이닝이야말로 나를 죽기 살기로 몰아붙이는 것에 가깝다! 게다가 근육은 3일 후면 강해진 상태로 되살아난다! 그러다 보면 성격도 활기를 찾으면서 '다 그만두고 싶다'라는 마음이 '이럴 게 아니라 웨이트 트레이닝을 해야지'로 변할 것이다!

고민과 걱정은 웨이트 트레이닝으로 날려 버리자

고민하지 마라. 고민한다고 문제가 해결되지
않는다. 걱정하지 마라. 걱정이란 아직 일어나지도
않은 문제를 머릿속에서 만들어 내어 스트레스를
받는 쓸데없는 행위다. 인간은 아무것도 하지
않으면 고민과 걱정이 끊이질 않는 생물이다.
고민과 걱정이 밀려오면 웨이트 트레이닝으로
날려 버리자. 웨이트 트레이닝을 하면 고민하거나
걱정할 여유가 사라진다.

자신을 사랑해야 하는 이유

자기혐오에 빠진 사람은 다른 일을 제쳐 두더라도
자신을 사랑하려고 노력하라. 상사나 부모를
미워하는 마음이 들면 그들로부터 도망갈 수 있다.
하지만 자신에게서는 절대 도망갈 수 없다.
피해서 될 문제가 아니다. 자신을 미워하면
모든 것이 완벽해도 행복해질 수 없다.
반대로 자신을 사랑하면 부족한 점이 있어도
나름대로 행복하게 살 수 있다.

심적인 고통은 근섬유에 전가하라

마음이 고통스러워 자신을 해치고 싶은 충동이 든다면 웨이트 트레이닝을 통해 근섬유에 해소하라! 상처 대신 근육이 늘어나고 근육통이 생기면 살아있다는 기분을 생생하게 느낄 수 있다. 게다가 스트레스를 조절하는 물질 중 하나인 세로토닌의 분비도 웨이트 트레이닝으로 촉진할 수 있고, '무슨 목표가 생겼어? 괜찮아?' 라며 사람들의 관심 어린 시선을 받을 수 있으며 덤벨이라는 친구까지 생겨 우울과 불안의 늪에 빠져 있을 틈이 없다.

돈과 사람보다 근육을 믿는 자는
구원을 받는다

돈도 인간도 배신한다. 그런 점에서 근육이 낫다.
근육은 결코 하룻밤 사이에 사라지지 않는다.
가령 10년 동안 웨이트 트레이닝을 게을리해서
근육이 급격하게 줄었어도 머슬 메모리를 통해
근육은 단기간에 부활한다. 당신이 웨이트
트레이닝을 멈추어 근육을 배신해도 근육은
'저 여기서 기다릴게요'라며 씩씩하게 기다려
줄 것이다. 근육은 영원한 친구다.

자존감과 근육은 형제 같은 것

웨이트 트레이닝은 근육과 함께 자존감도 키운다.
'들지 못했던 무게를 들게 되었다', '복근이
보이기 시작했다'처럼 눈에 확 보이는 성장으로
자존감은 당연히 높아지며, 이에 더해 "요즘 살
빠졌어?", "몸 좋다"와 같이 다른 사람으로부터
칭찬을 받으면 자존감은 몇 배나 올라간다.
자존감은 행복한 인생을 보내는 데 불가결한 것.
웨이트 트레이닝을 하자.

타인의 비난에 귀를 기울이면 안 되는 이유

다른 사람에게 비난을 받는다→자기 평가 저하 →스스로 자신의 한계를 정한다→도전하지 않으므로 성장하지 않는다→자기혐오→자존감 붕괴→인생이 재미없어진다→불평불만과 푸념만 늘어난다→부정적인 사람이 주위에 모여든다→ 인생에 희망이 보이지 않는다

이렇게 무한한 악순환에 빠지므로 타인에게 무슨 말을 듣더라도 나는 멋지다고, 나에게는 가치가 있다고 믿어라.

평생 절대로 당신을
배신하지 않는 사람

평생 단 한 사람, 언제나 당신 곁에 머물러 주며
친절하고 절대로 배신하지 않는 사람이 있다. 바로
자기 자신이다. 자신에게 지나치게 엄격해지지
마라. '나 따위'라고 스스로를 비하하는 발언을
하지 마라. 나만큼은 나를 사랑하라. 참고로
덤벨도 언제나 당신 곁에 있으며 친절하고 절대로
배신하지 않는다.

멘탈이 약해질 때 효과 있는
7가지 행동

멘탈이 약해지려는 당신!

① 정시에 자고 일어나기
② 7시간 수면 확보
③ 기상 후 햇볕 쬐기
④ 하루 세끼를 정시에 챙겨 먹기
⑤ 취침 2시간 전부터 강한 빛, 스마트폰, 컴퓨터
   금지
⑥ 운동(웨이트 트레이닝 추천)
⑦ 대화(나는 자주 덤벨과 근육에게 말을 건다)

이 방법으로 호르몬 균형과 자율신경이 안정되어
멘탈을 바로잡을 수 있다!

Testosterone(테스토스테론)

1988년 출생. 학창 시절에는 110kg에 육박하는 비만이었는데 미국 유학 중에 웨이트 트레이닝을 알게 된 후 약 40kg를 감량하며 다이어트에 성공했다. 대학 시절에 몰두한 종합격투기를 통해 뛰어난 프로 선수와 함께 생활하며 트레이닝과 스포츠영양학의 기초와 중요성을 배웠다. 웨이트 트레이닝과 올바른 영양학의 지식을 보급하는 것을 일생의 목표로 삼고 무료 다이어트 사이트 〈DIET GENIUS〉, 운동선수를 위한 트레이닝 미디어 〈STRONG GENIUS〉를 이끌고 있다.

구보 다카후미

스포츠과학 연구자. 와세다대학 대학원 스포츠과학연구과 박사후기과정에 재학 중. 전문 분야는 트레이닝 과학. 주로 트레이닝 동작의 운동역학적 특징을 연구하고 있다. 연구 생활과 함께 S&C 코치로서 대학 농구부와 파워리프팅 선수 등의 트레이닝 지도를 맡고 있다. Testosterone의 이념인 '조금이라도 많은 사람에게 웨이트 트레이닝의 가치를 알리고 싶다'에 동감하여 본 기획에 참여했다.

Q '죽고 싶을 만큼 힘들 때는 웨이트 트레이닝을 하라', 정말 효과가 있나요?

A

  # 웨이트 트레이닝을 하면 정신건강이 좋아집니다.

구보 박사님, 우울감을 느끼는 사람이
웨이트 트레이닝을 하면 어떤 효과가 있나요?

정신적인 건강, 소위 멘탈이 약해지면 초조함과 불안함에 휩싸이거나 자기를 긍정하는 마음이 저하되는 등의 증상이 나타납니다. 심각한 정신질환을 앓는 사람이 아니더라도 이러한 증상이 계속되어 '죽고 싶다'라는 감정에까지 도달하게 되는 경우가 있지요. 초조함과 불안함의 원인이 되는 각각의 스트레스원을 제거할 수 있다면 가장 좋지만, 이는 쉬운 일이 아닙니다. 다만, 웨이트 트레이닝에는 정신건강을 개선하는 작용이 있다는 사실을 많은 과학적 연구가 뒷받침하고 있습니다.

웨이트 트레이닝으로 정신건강이
좋아진다는 말은 사실이었군요!

네. 웨이트 트레이닝은 정신건강에 악영향을 끼칠 가능성이 높은 초조함, 불안함, 만성통증, 인지 기능 저하, 수면의 질 저하, 자존감 저하 등에 대해 긍정적으로 작용한다는 연구가 많이 있습니다.

아직 명확한 학설이 정립되지는 않았지만, 웨이트 트레이닝을 통해 분비되는 테스토스테론이나 세로토닌과 같은 호르몬이 관여할 가능성이 있다고 합니다.

즉, 웨이트 트레이닝을 하면 세계가 평화로워지고, 웨이트 트레이닝의 힘은 엄청나게 굉장하다는 거군요. 나는 알고 있었지. 좋습니다, 다음 주제로 넘어가죠.

서두르지 마세요(웃음). 먼저 초조함에 관한 연구부터 설명하겠습니다. 2010년에 미국의 O'Connor가 발표한 총설 논문(※지금까지 발표된 연구를 정리하거나 요약한 것)에 따르면 다수의 연구에서 웨이트 트레이닝을 하면 수면 부족과 나쁜 건강 상태에서 유발된 초조함이 개선될 가능성이 있다고 말하고 있습니다. 웨이트 트레이닝을 함으로써 수면 부족과 건강의 불안정이 해소되기 때문에 결과적으로 초조함을 줄이는 것으로 이어지게 되지요.

웨이트 트레이닝이라고 한마디로 말해도, 근육을 늘리기 위해서는 웨이트 트레이닝×식단 관리×수면이라는 3대 요소가 모두 필요하다고 할 수 있겠군요. 근육을 만들겠다는 마음으로 식사와 수면에도 신경을 쓰면 생활 습관을 바로잡을 수 있습니다. 충분한 영양과 수면을 확보한다면 자신도 모르는 사이에 건강해지죠. 아, 닭가슴살 샐러드 먹을 시간이다!

웨이트 트레이닝으로 분비되는 대표적인 호르몬과 그 기능

※여러 설이 있음

테스토스테론

- 뼈와 근육의 강도 유지
- 동맥경화와 대사증후군 예방
- 의욕과 투지 향상 등

세로토닌

- 마음을 가라앉히고 안정시킨다
- 뇌를 최적의 각성 상태로 만든다
- 통증을 조절한다

※여러 작용을 한다는 점에서 '행복 호르몬'이라고 불리기도 한다.

도파민·β—엔도르핀·노르아드레날린

- 행복감과 기분의 고양, 흥분 등

그리고 자신의 한계에 가까운 무게를 들기보다 어느 정도의 횟수를 다룰 수 있는 적당한 무게의 트레이닝이 초조함을 없애는 데 효과가 높다는 흥미로운 결과도 있습니다. 일본에서 실시한 연구에 따르면, 고중량(80%1RM ※1회 들어 올릴 때 한계인 무게의 80%라는 의미. 50kg을 1회 들어 올릴 수 있는 사람이라면 40kg에 해당한다)이 아니라 중중량(50~60%1RM ※50kg을 1회 들어 올릴 수 있는 사람이라면 25~30kg)이 초조함을 줄이는 데 효과적이라고 합니다(Tsutsumi 외, 1998).

선생님, 고중량을 들지 않으면 근육이 줄어드는 것 같은 기분이 들어서 인기가 없어지면 어쩌지 하는 마음에 초조함이 멈추지 않는데, 어떻게 하면 좋겠습니까?

쓸데없는 이야기는 접어 두고 이야기를 계속하겠습니다. 애초에 20년 전부터 웨이트 트레이닝과 초조함에 관한 연구가 이미 진행 중이었다는 사실은 놀랍지요. 반대로 저중량보다 고중량으로 트레이닝을 했을 때 수면의 질이 높아졌다는 사실도 알 수 있습니다(Singh 외, 2005).

있는 힘을 다해 웨이트 트레이닝을 한 후 푹 잔다. 최고의 스트레스 해소법이네요.

수면의 질이 나쁘면 정신건강도 나빠질 가능성이 커지고, 불면증(수면 시간이 6시간 미만)은 비만을 초래하기 쉽다고도 하지요.

웨이트 트레이닝도 중요하지만 몸이 아플 것 같다거나 기분이 좋아지지 않는다고 느낄 때는 우선 푹 자는 것이 중요하다고 할 수 있겠습니다. 잠을 잘 자지 못하는 사람은 고중량으로 스쿼트를 하면 수면의 질이 높아지니까 완벽하고요. 이렇게 또 웨이트 트레이닝으로 이 세상의 문제를 하나 해결해 버렸네.

참고로 걷기와 달리기 등의 유산소 운동도 초조함을 없앤다는 사실을 알 수 있습니다(Broocks 외, 1998).

웨이트 트레이닝을 할 기력이 없어서 힘들다면 걷기와 가벼운 달리기부터 시작하면 좋겠네요. 일단 움직이기 시작할 것, 운동의 습관을 들이는 것이 중요합니다.

불안함에 대해서도 효과가 있나요?

반드시 그렇지는 않다는 의견도 있지만, 초조함과 마찬가지로 많은 연구에서 불안함을 없앤다는 결과가 나왔습니다. 웨이트 트레이닝 자체가 아니라 신체 구성 성분의 변화 등을 통해 QOL(Quality of life, 삶의 질—옮긴이)이 향상된다는 것을 시사하는 조사도 있고(Ohira 외, 2006), 섬유근육통(류머티즘성 질환) 환자에게서 웨이트 트레이닝이 효과를 발휘했다는 연구도 있습니다(Hakkinen 외, 2001).

과학적 근거가 있다 해도 모두에게 효과가 있다고는 할 수 없습니다. 반대로 아직 과학적으로 조사 결과가 정립되지 않았다고 해서 그러한 효과가 없다고 단정할 수도 없습니다. 개인차가 있다는 사실을 염두에 두고 자신에게 맞는 웨이트 트레이닝의 활용법을 찾길 바랍니다. 저는 어떠냐고요? 웨이트 트레이닝은 이 세상에 존재하는 문제의 99%를 해결할 수 있다고 생각합니다.

만성통증이라고 해서 장기간(약 3개월 정도) 통증이 지속되는 상태도 정신건강에 심각한 영향을 미치는 경우가 많습니다. 만성통증을 일으키는 요인에는 요통, 관절염, 섬유근육통 등이 있지요. 웨이트 트레이닝은 몸의 기능을 개선해 주므로 요통의 개선과 예방에는 효과적이기도 합니다(Hayden 외, 2005). 미국 류머티즘학회도 류머티즘성 질환에 대한 접근법으로 웨이트 트레이닝을 장려하고 있지요.

웨이트 트레이닝이 요통과 관절통에 좋다는 사실은 의외라고 생각하셨죠? 웨이트 트레이닝을 하면 반대로 나빠질 것 같은 이미지가 있어요. 요통과 관절통으로 고생하는 사람은 용기를 내서 웨이트 트레이닝을 해 보는 것이 좋겠습니다. 물론 무리하지 말고 전문가의 조언을 들으면서 해 보십시오. 헬스장에 있는 퍼스널 트레이너보다는 자주 가는 병원의 의사나 물리치료사에게 물어보길 권합니다. 웨이트 트레이닝으로 건강한 신체를 되찾읍시다. 몸이 건강하지 않으면 기분도 좋아지지 않겠죠? '건강한 몸에 건강한 정신이 깃든다'라는 말처럼 만성적인 통증이 사라지는 것만으로도 인생은 단숨에 즐거워집니다.

그리고 철학적으로 '자기에 대한 긍정적인 태도'로 정의되는 '자존감'에 대해서도 웨이트 트레이닝은 굉장한 효과를 발휘합니다. 스포츠과학과 심리학 분야에서는 무려 113편의 논문에서 '웨이트 트레이닝이 자존감을 유지, 또는 높인다'라고 보고되고 있습니다.

지금까지 1만 번 정도 말한 듯한데, 자신을 사랑하게 된다는 점은 웨이트 트레이닝의 가장 큰 효과라고 할 수 있습니다. 과학적 근거 등은 빼고 논리적으로 생각해도, 필사적으로 노력하고 자기 관리하여 이상적인 체형을 손에 넣고, 들지 못했던 바벨을 들어 올리며, 자랑할 만한 대흉근, 누구나 숨 막힐 듯한 예쁜 엉덩이를 매일 아침 일어날 때마다 거울에 비춰 본다면 자신을 사랑할 수밖에 없지 않을까요? 저도 웨이트 트레이닝을 통해 40kg 가까운 다이어트에 성공한 일이 큰 자신감이 되었습니다. 지금도 일과 사생활에서 우울한 마음이 들 때면 웨이트 트레이닝을 해서 근육을 확인하고 '나는 내가 너무 좋아♡'라는 감정을 되찾으려고 합니다.

※편집부 주석 　웨이트 트레이닝에는 우울감 예방과 개선에 일정한 효과가 있다는 연구가 있으나 우울증을 치료한다는 사실은 증명되지 않았습니다. 정신질환이 의심되는 경우에는 반드시 정신건강의학과 등에서 진료를 받으시길 바랍니다.

문제가 안 풀리면 손이 떨려서…….
강박장애와의 긴 싸움

의대 수험생
아키타 마코토 씨의 이야기

기말고사
1교시 수학
2교시 영어

시작

어…

이거…
뭐였지…

아키타 마코토

너는 아키타
가문의
장남이니까

훌륭한 사람이
되어야 해!

으…

으…

실수하면 다시
되돌릴 수 없어!

그러
니까…

그…

부들

부들

으…

36

부모님은
두 분 다
공무원으로

어디에 내놓아도
부끄럽지 않은
훌륭한 사람이
되라며

저를 매우
엄격하게
키우셨습니다

**아키타
마코토**(현재)

세 살 때
아날로그
시계를 읽는
훈련을
했는데…

마코토
지금 몇 시
몇 분이지?

음…

여…
열 두시…

힐끔

히익

스스로는 왜 의대에 가야 하는지
왜 의사가 되어야 하는지
잘 모른 채

'어차피 나 따위 뭘 해도 안 되니까
부모님 말씀대로 공부만 하자…'

그렇게 자존감이라고는
전혀 느끼지 못하는 나날을
그저 보내고만 있었지요

결국 원래 살던 지역에서
떨어진 요코하마에 있는
대학의 간호학과에 합격했고
부모님과도 떨어지고 싶었기
때문에 가기로 했는데

간호사가 되고 싶어서 들어간 것도
아니라

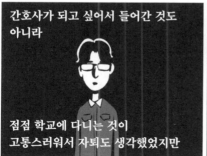

점점 학교에 다니는 것이
고통스러워서 자퇴도 생각했었지만

결국 같은 대학의 철학과로
편입하여 대학원까지 진학한 후
석사 논문을 쓰고 졸업했습니다

타닥
타닥   타닥

39

유일하게 흥미가 있던 것이
생명윤리학에서 다룬
'임신중절의 가부'라는 주제로…

처음으로 내 의지로 의대 시험을 보려고
수험 공부를 다시 시작했는데…

지금까지보다 더 손이 떨려서
진정이 안 되는 바람에
병원을 찾아갔습니다

심한
강박장애에…

우울증 증상도
나타나기
시작했네요

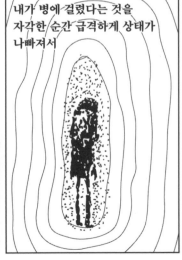

내가 병에 걸렸다는 것을
자각한 순간 급격하게 상태가
나빠져서

볼링공 10개 정도가 몸을 짓누르는 듯한 느낌에
침대에서 일어날 수도 없고 공부도 할 수 없었습니다…

부모님께 기대지도
못하고 바닥 생활만
하던 그때

Testosterone
님의 책을
알게 되었고

오…

이거라면
할 수
있을 것
같기도…

한번
해 볼까…

흡

크읍

처음에는 벤치프레스 30kg도 못 들었는데
1주일에 8번 헬스장에 다녔더니

점점 들 수 있게 되었고 10kg 단위로 조금씩
중량을 늘려 기록이 늘어남에 따라

작은 성공 체험이 쌓이고 쌓여

처음으로 성취감과 자기를 긍정하는 마음을 맛볼 수 있었습니다

체중도 50kg대의 비리비리한 몸에서

22kg이나 증가! 안색도 좋아졌습니다!

벤치프레스 기록이 늘지 않아 고민했던 시기가 있었는데

자세 좀 봐 주시겠어요?

Sure!

됐다!

GREAT!

한계까지 끈기 있게 도전하는 강한 인내심을 익히며

1000문제를 풀어도 무리야!!

BEFORE

다른 사람에게 물어보자

다른 문제집도 살펴보자

AFTER

강박증에서도 회복되었습니다!

지금은 손의 떨림이 사라졌습니다!

앞으로의 목표도 조금 바뀌었는데...

심료내과＊ 의사가 되려고 합니다!

정신적으로 힘들어하는 사람들에게 도움을 주고 싶어요!

제가 몇 년이나 걸려 빠져나온 암흑에서 조금 더 빨리 나오게 도와줄 수도 있고…

그리고

지금은 아직 옛날의 저로 돌아가면 어쩌지 하는 불안으로

부모님을 뵈러 가지 못하는데

심료내과 의사가 되면

만나러 갈 수 있을 것 같아요…

이것도 새로운 목표입니다

제2장

웨이트 트레이닝은
최강의 안티에이징이다

웨이트 트레이닝은 곧 안티에이징이다

신진대사가 촉진되어 어린 피부를 되찾고, 체력도 젊었을 때보다 나아지며, 몸매와 자세도 좋아지고, 호르몬 분비로 활력도 넘쳐나 성욕도 부활하는 웨이트 트레이닝을 안티에이징이 아니면 뭐라고 부르겠는가? 웨이트 트레이닝이야말로 궁극의 안티에이징. 안티에이징에 관한 상품을 한데 모아도 웨이트 트레이닝을 이길 수 없다.

웨이트 트레이닝을 하면 나이 따위는 숫자에 불과하다

웨이트 트레이닝이야말로 궁극의 안티에이징이다.
나이를 먹는 것이 두렵다? 20대가 지나면 전성기도
끝난다? 웨이트 트레이닝을 하면 그런 말 따위
상관없다. 웨이트 트레이닝과 고단백질 식생활을
시작하면 나이를 거슬러 몸매가 좋아지고
피부도 탄력을 되찾아 젊어진다. 이것이 시간의
흐름조차 능가하는 근육의 압도적인 파워.

웨이트 트레이닝은
젊음을 되찾는 마법의 약

'젊어지는 약 개발에 성공! 건강해지는 것은 물론
수명도 늘어납니다!' 이런 약이 나온다면 얼마를
내든 얼마큼 고생하든 손에 넣고 싶지 않겠는가?
웨이트 트레이닝은 젊음의 묘약 그 자체이다.
웨이트 트레이닝을 하면 나이 드는 것과는 별개로
육체가 진화하고 몸과 마음이 모두 젊어진다.
정말 아주 괜찮은 마법이다. 웨이트 트레이닝,
하지 않고는 못 배긴다.

웨이트 트레이닝이 남기는 둘도 없는 선물

술, 담배, 폭식, 쇼핑과 마찬가지로 웨이트 트레이닝도 빠져들기 쉬운데, 다른 것들은 한순간의 쾌락 뒤에 큰 피해를 남기는 데 비해 웨이트 트레이닝은 멋있고 아름답고 건강한 육체, 탄력 있는 피부, 안티에이징 등 예를 들려면 끝이 없을 정도의 선물을 남기므로 모두 웨이트 트레이닝을 하자.

하지 않을 이유보다
어떻게 할 것인가를 생각하라

시간이 없다, 돈이 없다, 이미 나이를 먹었다…….
하지 않을 이유는 끝없이 생긴다. 하지 않아도 될
이유를 떠올린다면 끝이다. 하지 않을 이유를
떠올릴 여유가 있다면 할 이유를 찾아라. 단
하나의 해야 할 이유는 수많은 하지 않을 이유를
이긴다. 중요하게 여겨야 할 점은 할 것이냐 하지
않을 것이냐가 아니다. 어떻게 할 것인가다.
우리에겐 오직 전진만이 있을 뿐.

웨이트 트레이닝 덕후가
활기 넘치는 이유

웨이트 트레이닝을 하는 사람이 활기 넘치는
이유는 생활 습관 덕분이다. 제대로 된 식사와
수면이 뒷받침되지 않으면 자율신경과 호르몬의
균형이 무너지고 컨디션이 나빠져 근육에 좋지
않다. 따라서 웨이트 트레이닝 덕후는 영양의
균형을 생각하고 잠을 잘 잔다. 근육을 만들려고
한 결과가 최고의 생활 습관으로 이어지는 것이다.
근육에 좋은 생활이 곧 인간에게 좋은 생활이다.
모든 길은 근육으로 통하는 법.

Q 웨이트 트레이닝은 최강의 안티에이징인가요?

 A

 **웨이트 트레이닝은
나이에 따른
운동 기능의 저하와
질환을 예방합니다.**

일본 항가령抗加齡의학회는 안티에이징 의학에 대해, '나이를 먹는다는 생물학적 프로세스에 개입하여 동맥경화나 암과 같은 나이 관련 질환의 발병 확률을 낮추고 무병장수를 목표로 하는 의학이다'라고 정의하고 있습니다. 먼저, '웨이트 트레이닝을 통해 노화 질환을 예방할 수 있는가'라는 관점에서 생각해 봅시다.

 구보 박사님, 저는 노화라는 생물학적 프로세스에 개입하여 엉덩이가 처지고 근육량이 줄어 볼륨이 없어지는 등 나이 관련 질환의 발병 확률을 낮추고 평생 멋진 몸매를 유지하려는 분을 좋아합니다. 좋아한다는 말로는 부족하지요. 사랑합니다.

 잠깐만 조용히 해 주세요. 본론으로 들어가겠습니다. 먼저 고령화가 진행되면서 나이 관련 질환으로 사회문제가 되는 것이 근감소증sarcopenia입니다. 근감소증이란 노화에 따른 근육량과 근력의 감소를 가리킵니다. 참고로 그리스어로 'sarco'는 근육, 'penia'는 상실을 의미합니다. 개인차는 있습니다만, 인간의 근육량과 강도는 대개 55쪽에 나타낸 개념도와 같은 경과를 밟습니다. 근감소증이 진행되어 활동 수준이 저하되면 넘어져서 뼈가 부러지는 사태가 발생하기 쉽지요. 고령자의 골절은 거동이 불가한 생활로 이어지는 경우가 많으며, 그에 따라 치매로 진행되기도 합니다. 넘어지는 등 사고가 없었다고 해도 근감소증이 진행되면 노쇠증후군frailty syndrome이라고 해서, 간호가 필요한 전 단계인 허약 상태에 빠지기도 하지요. 참고로 간호를 필요로 하게 되는 원인을 분석해 보면 가장 높은 비율을 보이는 것이 뇌졸중입니다. 2번째는 치매, 3번째는 나이에 의한 쇠약이고 4번째가 골절·넘어짐, 5번째가 관절질환입니다. 간호가 필요한 이유 중 3번째의 일부부터 5번째까지를 합친 근육과 관절, 뼈와 같은 '운동기관의 기능 저하'가 무려 전체의 약 30%를 차지합니다(일본 후생노동성 '국민생활기초조사', 2013). 이러한 흐름을 꺾고자 할 때 웨이트 트레이닝이 큰 역할을 담당하는 것이지요.

 웨이트 트레이닝으로 이 꺾은선 그래프를 위로 올릴 수 있다는 거군요. 근육으로 운명을 바꿔 버린다니. 내 로망이야.

 예를 들어 살면서 단 한 번도 웨이트 트레이닝을 한 적이 없다는 분이 계신다면 안전하고 적절한 웨이트 트레이닝을 통해 어쩌면 5년 전, 10년 전 본인의 근육량과 근력을 뛰어넘을 수 있을지도 모릅니다. 이제까지 내리막길을 걷고 있던 몸 상태가 어느샌가 차근차근 좋아지는 일이 일어날 수도 있다는 것이지요. 다시 본론으로 돌아가서, 근감소증은 근육이 줄어드는 현상이므로 웨이트 트레이닝으로 근육량을 늘림으로써 그 진행을 늦출 수 있습니다. 이동 동작에는 '서다, 앉다, 일어나다' 등의 기거동작과 '걷다, 달리다, 계단을 오르내리다' 등의 보행 동작이 있는데, 나이에 따른 기거동작과 보행 동작의 능력 저하는 복근군(복직근, 내·외복사근)과 허벅지의 앞쪽 근육인 넙다리 네갈래근의 근력 저하를 반영합니다. 그러므로 이러한 근육류의 근력 유지·향상을 목표로 한 트레이닝이 효과가 있습니다.

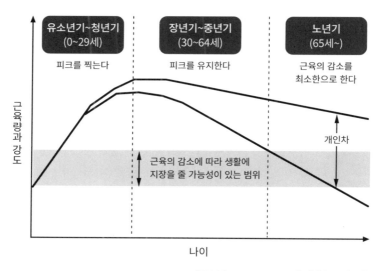

(WHO/HPS, Geneva 2000을 바탕으로 재구성)

‘나이에 따른 근력 저하→근감소증→치매를 포함한 다양한 질환’이라는 부정적인 흐름을 웨이트 트레이닝으로 예방한다는 것이군요! 나이를 먹었더라도 웨이트 트레이닝을 하면 근육량이 늘어나나요?

물론입니다. 2016년에 미국에서 Lixandrao 등이 실시한 연구에 따르면 60세 전후 남녀에게 근력 운동을 하게 한 결과, 10주 동안 평균 7~8%나 근육량이 증가했다는 사실이 확인되었어요. 성장기가 지났더라도, 환갑을 바라보고 있더라도 트레이닝을 하면 근육은 늘어나기 때문에 나이를 이유로 포기할 필요는 전혀 없습니다.

60세를 넘은 사람이라도 웨이트 트레이닝을 하면 근육은 성장합니다. 웨이트 트레이닝은 인간이 무언가를 시작하는 데 늦은 시기는 없다는 교훈을 우리에게 주고 있군요. "지금 시작해도 될까?", "이제 와서 시작하기도 좀…"이라고 하면서 나이를 핑계로 도전을 주저하고 있지는 않습니까? 머릿속에 떠올랐다면 즉시 행동으로 옮기세요. 인생에서 가장 젊을 때는 항상 지금입니다. 나이 따위는 그저 숫자에 불과합니다. 그런 것 때문에 여러분의 행동을 제한받지 마시길. 나이가 많아도 시간의 흐름을 거슬러 근육을 성장시킬 수 있는데, 여러분이 못 할 이유가 있나요?

갑자기 멋있는 말을 하시네요. 의기양양한 얼굴을 하고 이쪽을 보고 있는 Testosterone 씨는 무시하고 우리는 이야기를 이어 가도록 하겠습니다. 웨이트 트레이닝이 안티에이징 역할을 한다는 점에서 빼놓을 수 없는 부분이 바로 '뼈'에 대한 효과입니다. 근력, 근육량뿐만 아니라 골량骨量도 나이에 따라 저하되는데, 특히 여성은 폐경 전후에 골 형성을 촉진하는 에스트로겐(여성 호르몬)의 분비량이 감소한다고 보고되었습니다.

그러고 보니, 중장년은 골다공증 등에
걸리기 쉽다는 이야기를 들은 적이 있어요.

그렇죠. 골다공증은 뼈의 강도가 저하되어 골절되기 쉬운 상태인데, 웨이트 트레이닝으로 개선될 가능성이 큽니다. 2017년 〈Bone〉지에 게재된 논문에 따르면, 평균 연령 44세의 남성을 대상으로 12개월에 걸쳐 웨이트 트레이닝, 또는 점프 트레이닝(한쪽 다리, 또는 양쪽 다리로 점프를 40~100회)을 시킨 결과, 스클레로스틴sclerostin이라는 골 형성을 저해하는 단백질이 감소하였고, 반대로 골 형성을 촉진하는 IGF-1(인슐린 유사 성장인자)의 분비량이 증가했다고 합니다.

웨이트 트레이닝을 하면 뼈가 단단해지는
물질이 분비된다는 말인가요?

그렇습니다. 그리고 같은 연구팀은 중~고강도(40~80%1RM)로
트레이닝을 했더니 6개월 후에 척주의 골량 증가, 12개월 후에
는 골반의 골량 증가가 확인되었다고도 보고했어요. 이는 오스
테오칼신osteocalcin이라는 골 형성을 촉진하는 단백질이 증가
한 것이 하나의 요인이라고 여겨지고 있고, 점프 트레이닝과 비
교한 결과 골반의 골량 증가는 웨이트 트레이닝에서만 나타났
다고도 밝혔습니다. 참고로 '骨'은 '뼈'보다 '골'로 읽으면 똑똑
해 보이니까 권장합니다.

웨이트 트레이닝 등의 운동을 하면 피부 재생(턴 오버)
주기가 정상화되어 피부가 좋아진다는 등 미용에
효과가 있다는 이야기도 있지요?

'미용'이 어디까지를 가리키는지는 아마 사람에 따라 다를 텐
데, 20세 전후의 젊은이에게 컴뱃 트레이닝 등의 운동을 시킨
결과, 4주 후와 11주 후의 I형 콜라겐의 턴 오버 지표가 유의미
하게 증가했다고 합니다(Langberg 외, 2001). 컴뱃 트레이닝이란

예전에 유행한, 이른바 부트 캠프 운동 같은 것을 가리킵니다. 이 연구에서는 인간의 아킬레스건 콜라겐에 대해 논의를 계속 하고 있는데, 피부에 대해서도 논의할 수 있다면 굉장히 흥미롭 겠지요.

> 피부의 70%는 콜라겐으로 되어 있다고도 하고, 그중에서도 I형 콜라겐은 피부의 탄력과 강도에 관여한다고 여겨지니까 기대할 만하네요!

또, 웨이트 트레이닝은 신체적인 나이뿐만 아니라 뇌의 안티에 이징에도 효과가 있습니다. 그중 하나가 인지 기능의 유지·향 상입니다. 인지 기능이란 무언가를 지각·판단·결정하는 능력 의 총칭인데, 유산소 운동과 웨이트 트레이닝을 겸하면 유산 소 운동만 했을 때보다 인지 기능에 대한 효과가 높다는 사실 이 밝혀졌습니다(Colcombe 외, 2003). 또, 웨이트 트레이닝을 한 후에 고령자의 기억력이 향상되었다는 보고도 있지요(Busse 외, 2009).

운동하면 뇌가 맑아지고 활성화된다는 느낌은 많은 분이 체감 한 적 있지요? 저는 이를 여실하게 느끼기 때문에 일하기 전에 웨이트 트레이닝을 하고 있고, 일이 잘 풀리지 않을 때도 웨이 트 트레이닝을 합니다.

아무것도 하지 않으면 쇠약해져 가는 근육을 웨이트 트레이닝을 함으로써 유지·강화하면 뼈도 단단해지고 골다공증도 예방할 수 있으며 뇌에도 긍정적인 영향을 준다는 거군요. 일석삼조네요!

한 가지 주의해야 할 점이 있습니다. 여기에서는 중장년을 염두에 두고 이야기를 했는데, 젊은 사람이더라도 근육은 사용하지 않으면 줄어든다는 것입니다. 이는 불용성 근위축disuse muscle atrophy이라고 해서, 다리가 부러진 사람이 깁스를 풀었을 때 한쪽 다리가 얇아지거나 우주비행사가 우주에서 돌아왔을 때 근육량이 줄어 있는 등의 현상을 가리킵니다. 이렇게 극단적인 예가 아니더라도 운동이 부족하면 몸은 점점 약해집니다. 안티에이징 효과는 차치하더라도, 지속적인 운동 습관의 중요성은 더 널리 알려져야 한다고 생각합니다.

근육은 애인과 같군요. 애지중지 잘해 줘서 기분을 맞춰 주지 않으면 금방 토라져서 가 버리니 말입니다. 일주일에 6회 웨이트 트레이닝을 하는 저는 매일 데이트를 하는 셈이네요. 사랑한다, 근육아.

운동이 몸에 좋다는 것은 모두 막연하게나마 알고 계시겠지요. 그 이유를 알고 지속적인 운동 습관을 들이면 많은 사람이 건강하고 장수하는 사회가 실현되지 않을까요.

웨이트 트레이닝이 99%의 문제를 해결한다는 말은 농담이 아닙니다. 인생에서 건강에 대한 불안은 가장 큰 불안 요소 중 하나지요. 이 장에서 여러분도 아셨겠지만, 웨이트 트레이닝은 건강에 대한 불안을 제거하는 데 가장 효율적인 행동의 하나입니다. 언제까지나 활기차고 건강하게 인생을 누리고 싶다면 웨이트 트레이닝을 합시다. 그렇게 살고 싶지 않은 사람은 없을 테니 저의 계산으로는 모두가 웨이트 트레이닝을 하는 시대, 대大 웨이트 트레이닝의 시대가 금방 도래하겠네요.

제3장

인기를 얻는 방법은
웨이트 트레이닝밖에 없다

내면이 중요하다는 말 따위는 비겁한 변명이다

겉모습을 갈고닦으려는 노력을 전혀 하지 않으면서 내면만을 봐 주길 바라는 것은 상대방에게 실례다. 먼지투성이인 상품을 보고 '좋은 물건일지도 모르니까 사야지' 하고 생각하는가? 대부분 '나를 무시하나? 장사할 마음 없으면 안 사!'라고 생각할 것이다. 이제 깨달았다면 지금 당장 웨이트 트레이닝을 하고 와라. 인품도 경력도 두뇌도 눈에 보이지 않지만 근육은 드러난다.

웨이트 트레이닝의 인기 순환 구조

웨이트 트레이닝→멋진 몸 GET→자기 자신을 사랑하게 된다→근력 UP→자신감이 생긴다→상대방에게 적극적으로 다가간다→인기가 많아진다→더 자신감이 생긴다→다양한 일에 도전한다→압도적인 성장을 이룬다→자존감이 높아진다→성격이 긍정적으로 변한다→긍정적인 사람이 주위에 모인다→내 인생 최고!

이러한 선순환이 이루어지기 때문에 웨이트 트레이닝을 하면 실제로 인생이 바뀐다.
웨이트 트레이닝은 진리다.

인기를 얻기 위한 웨이트 트레이닝이 알려 주는 깨달음의 경지

인기를 얻고 싶으면 웨이트 트레이닝을 하라!
인기를 얻으려고 웨이트 트레이닝을 하다 보면
깨달음의 순간이 올 것이다. '인기를 얻기 전에
무거운 바벨을 먼저 들고 싶다, 근육을 갖고 싶다,
강해지고 싶다, 덤벨을 애인 삼아도 괜찮지
않을까?' 인기가 많았으면 좋겠다는 욕구의
자리를 다른 욕구가 차지하면서 덤벨이라는
연인이 생겼을 때, 인기에 대한 잡념은 사라진다.
자, 당신도 근육 수행에 들어가지 않겠나!

웨이트 트레이닝을 둘러싼
일생일대의 의문

Q. 기분이 좋아지고 우울감 개선, 건강 관리,
　 안티에이징, 스트레스 해소에도 도움이 되며,
　 하면 할수록 자신감이 붙어 인기가 많아지는
　 데다 체형이 변함에 따라 성격도 변하고 업무
　 능력도 높아지는 것은 뭐게?

A. 웨이트 트레이닝!

Q. 그럼 왜 그렇게 훌륭한 웨이트 트레이닝을 하지
　 않는 사람이 있는 걸까?

A. 도대체 왜!

웨이트 트레이닝이야말로 궁극의 미용 활동

웨이트 트레이닝을 열심히 하고 식사에 주의를 기울이면 균형 잡힌 몸매를 갖게 되고 바른 자세로 서게 되며, 신진대사가 활발해져 피부와 머리카락과 손톱에 광이 돌고, 실제 대사량도 늘어나 살이 잘 찌지 않는 체질까지 손에 넣는다. 웨이트 트레이닝은 질투나 미움과 같은 부정적인 감정과 스트레스도 태워 버리기 때문에 내면도 아름다워진다. 웨이트 트레이닝이야말로 궁극의 미용 활동. 웨이트 트레이닝을 하는 사람은 아름답다.

68

사랑의 상처도 웨이트 트레이닝이 치유해 준다

사랑의 밀당 같은 귀찮은 일은 하지 말고 좋아하는
사람이 생기면 빨리 마음을 고백하는 편이 낫다.
'거절당하면 어쩌지?' 하고 걱정하는 것은
쓸데없는 일이다. 마음을 전하는 데까지가 당신의
몫, YES냐 NO냐를 결정하는 것은 상대방의
몫이다. 다른 누군가에게 뺏긴다고 해도
어쩌겠는가. 차이면 웨이트 트레이닝을 하면서
잊어버리면 된다.

Q 웨이트 트레이닝을 하면 인기가 많아지나요?

 올바른 웨이트 트레이닝으로 매력적인 몸을 만들 수 있습니다.

> **거두절미하고, 웨이트 트레이닝을 하면 인기가 많아지나요?**

이럴 수가. '사람은 죽나요?'와 같은 질문이군. 당연히 인기가 많아지지요. 자존감 향상, 겉모습 향상, 자신감 형성, 건강, 활기 등 이러한 모든 요소가 인기로 이어지는 것은 불 보듯 뻔하답니다. 미국에서는 남녀를 불문하고 인기를 얻고 싶으면 헬스장에 가서 웨이트 트레이닝을 합니다. 남자는 주로 대흉근, 팔, 식스팩을 단련하고 여성은 엉덩이를 단련하지요. 웨이트 트레이닝의 대국 미국에서는 많은 사람이 건강 유지를 위해 웨이트 트레이닝을 하고 있는데, 이와 마찬가지로 인기를 얻고 싶다는 마음으로 연애 시장에서 자신의 가치를 최대화하기 위해 웨이트 트레이닝을 하는 사람도 많습니다. 우리는 미국의 트렌드를 뒤쫓아 가는 경향이 있으니, 웨이트 트레이닝이 곧 인기의 척도가 되는 시대가 언제 도래한다고 해도 이상하지 않은 법이지요.

남녀가 어떤 체형을 선호하는가에 대한 몇 가지 연구가 있습니다. 뉴캐슬대학교의 크로슬리 교수 연구팀은 2012년, 〈PLoS ONE〉이라는 잡지에 '매력적인 몸매란?'을 주제로 한 논문을 발표했습니다(원제: What Is an Attractive Body? Using an Interactive 3D Program to Create the Ideal Body for You and Your Partner). 이 논문에서는, 남녀 80명(남: 40명, 여: 40명)을 대상으로 자신이 이상적이라고 생각하는 체형의 3D 모델을 컴퓨터상에서 만들도록

한 아주 간단한 실험을 했지요. 이성뿐만 아니라 동성의 모델도 함께 만들어 보도록 했습니다(74쪽 일러스트 참조).

 저도 만들어 보았습니다!

이런 체형을 가진 사람은 주변에서 본 적조차 없는데요(웃음).

 계, 계속할게요(웃음). 실험 결과, 여성이 이상적으로 생각하는 여성의 몸은 BMI가 18.9, 허리:엉덩이 비율이 0.7, 허리:가슴(가슴둘레) 비율이 0.67로 나타났습니다. 남성이 이상적으로 생각하는 여성의 몸의 비율도 허리:엉덩이 비율이 0.73, 허리:가슴 비율이 0.69였으므로, 남녀 모두 거의 비슷한 체형을 이상적으로 생각한다는 말이 됩니다. 참고로 숫자가 작으면 작을수록 허리와의 둘레 차이가 크다는 뜻이므로 이상적인 여성의 몸은 신체의 곡선이 돋보이는 체형임을 알 수 있습니다. BMI 18.9는 키 160cm일 때 체중 48.5kg 전후로 계산됩니다. 한편 남성이 이상적으로 생각하는 남성의 몸은 BMI가 25.9, 허리:엉덩이 비율이 0.87, 허리:가슴 비율이 0.74로, 이쪽도 여성이 이상적으로 여기는 남성의 몸에 매우 흡사하다는 사실을 알 수 있습니다. 이는 해외에서 실시한 연구라서 문화권에 따른 선호도의 차이가 있을 수 있다는 한계가 존재하긴 하지만, 인기가 많은 체형에 대한 하나의 지표가 되지 않을까 생각합니다.

이상적인 체형을 알았다면 다음은 그것을 목표로 삼는 일만 남았네요. 체형을 바꾸려면 어떻게 해야 할까요? 그렇습니다, 웨이트 트레이닝입니다. 다만 단순히 칼로리 제한이나 달리기로 체중 감량에만 급급해서는 이상적인 체형을 손에 넣을 수 없습니다. 웨이트 트레이닝을 활용해 원하는 체형을 만들 필요가 있습니다.

애초에 웨이트 트레이닝으로 호감을 주는
매력적인 몸매를 만드는 것이 가능한가요?
예를 들면 바짝 올라간 엉덩이를 만들기 위해
엉덩이만 단련할 수 있나요?

많은 연구에서 트레이닝을 할 때 가동역을 변화시킴으로써 부분적인 근비대를 유발할 가능성이 있다고 밝혔습니다. 예를 들면 대흉근의 윗부분, 고관절 부분처럼 같은 근육 내에서도 원하는 부위를 발달시킬 가능성이 있다는 것이지요. 어렵게 생

여성이 이상적으로 생각하는 여성의 체형

— BMI 18.9
— WHR 0.7
— WCR 0.67

남성이 이상적으로 생각하는 여성의 체형

— BMI 18.8
— WHR 0.73
— WCR 0.69

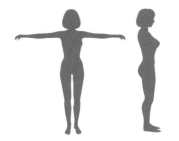 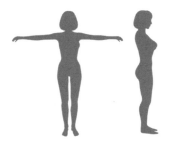

여성이 이상적으로 생각하는 남성의 체형

— BMI 24.5
— WHR 0.86
— WCR 0.77

남성이 이상적으로 생각하는 남성의 체형

— BMI 25.9
— WHR 0.87
— WCR 0.74

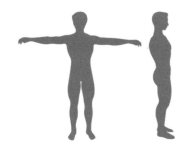 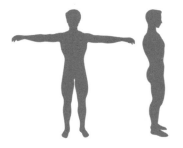

WHR=허리:엉덩이의 비율 WCR=허리:가슴의 비율
(Crossley 외, 2012년의 자료를 바탕으로 수정)

각할 필요 없이 간단하게 말하면, 웨이트 트레이닝 중에 움직인 근육이 발달합니다. 12주 동안 주 3회 깊은 스쿼트(딥 스쿼트)를 실시한 그룹과 얕은 스쿼트(파셜 스쿼트)를 실시한 그룹을 비교한 경우, 딥 스쿼트를 한 사람들의 허벅지 앞쪽 근육량이 통계적으로 유의미하게 증가했다는 사실이 밝혀졌습니다 (Bloomquist 외, 2013). 한편 파셜 스쿼트를 실시한 그룹은 고관절 주변만 근비대가 일어났고, 무릎에 걸친 부분은 통계적으로 유의미하지는 않았지만, 근육량이 줄어든 것을 알 수 있었습니다. 이는 'Regional hypertrophy'라고 불리는 현상으로 이 분야에서만 방대한 수의 논문이 발행될 정도로 주목받고 있습니다.

> 스스로 정한 이상적인 몸에 가까워지기 위해서는 그에 맞는 웨이트 트레이닝 방법이 있다는 말이군요. 이 부분은 퍼스널 트레이너 등 전문가에게 자신의 희망 사항을 말하고 그 방법을 배우며 트레이닝하는 편이 좋겠네요.

흔히 언급되는 '부분 다이어트'는 매우 어렵고 실현하기 힘들지만, 원하는 부분만을 단련하여 크게 만드는 '부분 웨이트 트레이닝'은 가능합니다! 다시 말하면 웨이트 트레이닝으로 어느 정도 자신이 원하는 대로 몸을 디자인할 수 있다는 말이지요. '팔은 가늘고 엉덩이는 탄력 있게 만들고 싶어.'라는 염치없는 여자의 바람도, '가슴팍과 어깨만 튼튼하게 만들고 싶어.'라는 염치없는 남자의 바람도 웨이트 트레이닝이라면 이루어 줄 수 있습니다. 실제로 미국에서 웨이트 트레이닝의 전문가인 보디빌더들은 자기 자신을 '조각가'라고 부르더군요. 근육을 붙이거나 체지방을 떼어 낸다는 측면에서 조각가처럼 자신의 몸을 만들고 디자인한다는 의미지요.

이 현상을 일으키는 것은 중량이나 트레이닝 양식이 아니라 트레이닝을 실시하는 가동역이라는 사실도 최근 들어 밝혀졌기 때문에, 가동역을 의식한 트레이닝이 체형을 다듬거나 다이어트를 할 때에도 매우 중요하다고 할 수 있습니다.

이쯤에서 엉덩이를 집중적으로 단련하는 방법에 대해 복습하는 것이 좋지 않을까요?

집착이 장난 아니네요……. 예를 들어 스쿼트 중에 깊게 앉으면 엉덩이의 근육이 많이 동원된다고 알려져 있습니다. 그리고 바벨은 낮은 위치에서 드는 편이 엉덩이 근육을 동원하기 쉽다는 사실도 밝혀졌기 때문에, 바를 드는 위치도 의식해 보는 것이 좋겠지요. 참고로 스쿼트 중의 벨트 사용은 엉덩이 근육의 동원을 줄이고 허벅지 앞 근육의 동원을 늘린다는 사실도 알려져 있으므로 적절하게 구분해서 사용할 필요가 있습니다. 또 루마니안 데드 리프트나 힙 스러스트라는 종목도 추천합니다. 특히 힙 스러스트는 최근 들어 연구가 진행되기 시작한 종목으로, 스쿼트보다 무거운 중량을 맬 수 있다는 점에서 엉덩이 근육의 동원이 스쿼트보다 크다는 사실도 밝혀졌습니다. 참고로 스쿼트를 할 때는 200종류 이상의 근육이 활동합니다!

구보 박사님, 제가 멋진 엉덩이의 중요성을 강조하는 것은 결코 사리사욕을 위해서가 아닙니다. 저의 지론을 들어 주십시오. 엉덩이를 단련한다→멋지고 탄력 있는 엉덩이를 가진 사람들이 증가한다→서로에게 어필하려고 노력한다→경제가 활성화된다→경제가 부활한다→유명 잡지에서 멋지고 탄력 있는 엉덩이를 가진 인물을 대서특필한다→거리에 멋진 엉덩이를 가진 사람들이 넘쳐 난다→모두가 행복하다. 어떤가요? 지금이라면 와세다대학의 구보 박사님 연구팀에 이 이론을 연구하고 증명할 권한을 줄 수도 있는데요.

다음으로 넘어갈게요.

네! 다음으로 넘어갑시다! 활기차게 가 봅시다!

웨이트 트레이닝으로 내면의 매력도 높일 수 있을까요?

살이 쪘다, 너무 말랐다, 엉덩이가 처졌다 등 신체적인 콤플렉스가 해소됨으로써 자존감이 높아지고 자신감이 생겨 적극성이 생기면 당연히 연애에도 긍정적인 효과를 줍니다. 덧붙이자면 웨이트 트레이닝 애호가는 애인으로도 최고입니다. 낮에는 운동을 하느라 바쁘고 밤에는 근육을 위해 잠을 자야 하므로 바람을 피우는 것은 어림도 없지요! 취미가 있으니까 자립적이기도 하고요! 다이어트와 건강 지식도 풍부합니다! 운동으로 스트레스를 해소하므로 평소에는 온화하고 정신이 안정되어 있습니다! 일단 근육을 칭찬하면 기분이 좋아지니까 다루기도 쉽고요! 여기에 더해 몸매도 좋으니까 더욱 최고라 할 수 있지요. 게다가 오랫동안 건강하게 계속 일을 할 가능성이 크니까 안정적인 수입도 보장되고요. 유일하게 결점이 있다면 가끔 애인보다 웨이트 트레이닝을 우선할지도 모른다는 점이겠네요.

> **최대의 장점이자 결점이네요…….**

 정신건강 항목에서도 언급했는데 웨이트 트레이닝에는 자존감을 높이거나 유지하는 기능이 있다고 알려져 있습니다. 남성의 근력 강도와 자존감의 정도는 정표의 상관관계를 보입니다 (Ciccolo 외, 2016). 즉 '남성에게는 근력의 강도와 자존감의 정도가 비례한다=근력을 늘리면 자존감도 높아진다'라고 말할 수 있지요. 그러나 실제로는 자존감이 높은 사람이 근력이 강한지, 근력이 강한 사람이 자존감이 높은지에 대한 인과관계의 방향성은 명확하지 않으므로 향후 연구를 기다려야겠습니다. 더욱이 여성에게는 이같은 상관관계가 나타나지 않은 듯하여, 남성과 여성은 근본적으로 '근력'이라는 것에 관한 사고방식이 다를지도 모르겠습니다(예를 들면 여성은 남성과 달리 근력에 그다지 매력을 느끼지 않으므로 자존감이 높아지지 않는다 등).

 개인적 관측이지만 근력의 향상이 곧 자존감의 향상이라는 말은 틀림없는 팩트입니다.

 웨이트 트레이닝은 첫걸음을 내딛기까지가 매우 힘들지요. 헬스장에 무서운 사람은 없는지, 이런 내 모습으로 가도 될지 걱정하는데 그 마음은 충분히 이해합니다. 그러나 실제로 웨이트 트레이닝을 제대로 이해하는 사람이라면 초보자를 우습게 여기지 않습니다. 게다가 한번 웨이트 트레이닝을 시작하면 식단 관리와 트레이닝의 자세 등 그 심오함에 분명 매료될 것입니다. 점점 변해가는 자신의 체형을 보고 자신감이 생긴다면 누구에게든 적극적으로 다가갈 수도 있겠지요.

굉장하네요. 마지막으로, 두 분은 웨이트 트레이닝을 열심히 하고 계시니까 인기가 많겠어요. 에피소드를 들려주세요!

 구보 박사님, 큰일입니다! 스쿼트 시간입니다! 지금 당장 출발하지 않으면 헬스장이 문을 닫아요! 더 이상 이야기를 나눌 시간은 2초도 없다고요!

 그거 큰일이네요! 지금 당장 가시죠!

제4장

일을 잘하는 사람은
왜 웨이트 트레이닝을 하는가

탄탄한 근육의 소유자를 고용해야 하는 4가지 이유

살이 찐 사람은 자제심이 약하고 자기 관리조차 하지 않는 사람으로 여겨지기 쉬워 취직도 어려운 한편, 근육이 탄탄한 사람은 정반대의 평가를 받는다. ①자제력이 강하고 자기 관리 능력이 높다 ②시간 관리를 잘한다 ③영양학에 정통하고 건강하며 튼튼하다 ④운동이 생활 속 한 부분을 차지하기 때문에 스트레스에 강하다 등을 증명하므로 비교적 취직이 잘 된다.

해외 비즈니스 현장에서 유용한 근육

근육질 몸매는 해외에서 좋은 평가를 받는다.
예를 들어 외국에서 '마르고 마음이 약하며
믿음직스럽지 못하다'고 여겨지는 일본인의 경우,
몸을 단련해 두는 것만으로 '이 사람은 어딘가
다르네', '일 잘할 것 같은데'와 같은 이미지를
줄 수 있다. 해외 비즈니스 현장에서 근육의 혜택은
헤아릴 수 없다. 근육은 만능이다. 근육이 있으면
어떻게든 된다.

인간도 동물도 결국은
체력이 전부다

성공한 사람에게 대단한 비결 같은 건 없다.
그러나 보통 사람들과 차이가 하나 있다면 바로
체력이다. 체력이 강한 사람은 집중력을 흩뜨리지
않고 일을 잘하며, 몸을 망가뜨리지 않고
안정적으로 성장하므로 지식도 기회도 팍팍
들어 온다. 인간도 어차피 동물이다. 체력의 차이가
모든 것을 말한다. 체력이야말로 최강의 자본.
웨이트 트레이닝이야말로 최강의 자기 투자.
모든 것은 근육이다.

올바르게 노력하는 법을 깨닫게 하는 웨이트 트레이닝

올바른 노력과 잘못된 노력이 있다. 그저 닥치는 대로 노력한다고 되는 것이 아니다. 잘못된 자세로 스쿼트를 하면 부상을 입는다. 웨이트 트레이닝을 장시간 열심히 해도 식사와 수면의 질이 형편없다면 근육은 줄어든다. 일도 공부도 마찬가지다. 올바른 노력을 판별하는 힘, 정기적으로 주변 사람들의 조언에 귀를 기울여라.

글로벌 엘리트가 되기 위해서는 근육이 필수

세계 시장에서 일하고 싶다면 우선 어학 능력이 중요하지만, 상대방과 급속도로 가까워지는 데는 근육만 한 것이 없다. 정장 위로도 티가 날 정도로 근육을 단련하면 웨이트 트레이닝 이야기가 자연스럽게 시작되어, 단 2분이면 허물없이 대화하는 사이가 된다. 게다가 근육은 세계 공통 언어. 어학만 잘해서는 안 된다. 근육이다. 근육으로 세계를 제패하는 것이다.

약하다고 인식되면 우습게 보여서 일을 더 떠안게
되거나 괴롭힘을 당한다. '나 무시하지 마!' 하고
평상시에 공격적인 모습을 보이면 그저 미움을
받을 뿐이다. 어떻게 하면 평온하게 지내면서도
호락호락하지 않다는 인식을 줄 수 있을까?
답은 간단하다. 근육이다. 근육은 생활에
평탄함을 가져다준다.

크리스마스를 어떻게 보내는지가 인생의 승패를 결정한다

크리스마스에 굳이 혼자서 일을 하거나 웨이트 트레이닝을 하면 '크리스마스에 연인과 좋은 시간을 보내는 사람들한테 질까 보냐!'와 같은 무시무시한 헝그리 정신이 솟아난다. 헝그리 정신이 승자와 패자를 나눈다. 크리스마스 외톨이는 사실 패자가 아니라 승자다. 잘난 사람은 다들 그렇게 한다. 이는 세상의 상식.

설득력이 모자란 사람에게 필요한 것

덕망이 낮고 설득력이 모자란 당신! 정장이 터질 듯한 가슴 근육이 있는 것만으로 사람들은 당신의 이야기를 들으며 그 이야기에는 설득력이 생긴다. 가슴 근육도 덕망도 한 번에 두껍게 만들고 설득력도 높이기 위해서는 어떻게 해야 할까? 그렇다, 벤치프레스다. 벤치프레스를 하는 사람과 그렇지 않은 사람은 승진 속도에서도 현저한 차이가 난다!

웨이트 트레이닝을 하는 사람은 일을 잘하나요?

 세계적으로 성공하는
사람들은 대부분
웨이트 트레이닝을
합니다.

영화 〈악마는 프라다를 입는다〉에 나오는 악마 편집장의 모델로 알려진 미국 〈보그〉지의 편집장 애나 윈터도 매일 아침 5시 45분부터 1시간 동안 테니스를 친다고 말했고, 애플의 팀 쿡 CEO는 매우 이른 시간부터 운동하는 운동 애호가로 유명하지요. 언론 인터뷰에 따르면 3시 45분에 기상해 4시 30분까지 메일을 처리한 후 5시에는 헬스장에 가는 엄청난 아침형 생활 습관을 갖고 있다고 해요.

그렇군요! 그런데 다들 일찍 일어나네요…….

맞습니다. 일류 기업가 중에는 아침형 인간이 정말 많습니다. 이른 아침에는 급한 업무가 들어올 일도 없으니 바쁜 그들에게는 유일한 자유 시간이라고 해도 과언이 아니지요. 거기에 운동 시간을 넣음으로써 생활에 규율을 만드는 겁니다. 아침 일찍부터 운동 일정을 넣으면 전날 무의미하게 밤새거나 과음하는 나쁜 생활 습관도 생기기 어렵고요. 그것이 업무의 처리에도 좋은

영향을 주는 것이겠지요. 참고로 저는 아침형 인간입니다!(어떤
대답을 바라는 듯한 표정으로 지그시 쳐다본다)

더 못 기다리겠으니까 얼른 칭찬하라고요! 됐다, 됐어요!(삐짐)

좀 더 보충하자면, 아침형, 낮형, 저녁형의 사람은 각각 최상
의 심폐 능력이 드러나는 시간대가 다르다는 연구도 있습니다
(Brandstaetter 외, 2015). 저녁형 인간은 22시 즈음에 일의 능률이
최고에 달하는 경향이 있는 것처럼 인간이 발휘할 수 있는 힘
과 능력 등은 각자의 체내 시계(시계 유전자)에 의존한다는 사실
도 알 수 있습니다. 그러므로 아무리 해도 아침이 힘든 사람은
자신에게 맞는 시간에 트레이닝을 하는 것이 좋습니다.

> 고위 경영진들이 모두 빠짐없이 운동을
> 생활 습관으로 삼는 가장 큰 이유는 무엇일까요?

…….

역시 Testosterone 씨.
아침형 인간이군요!(영혼 없음)

역시 그렇지요?(만면에 미소)

……(아, 맞춰 주기 힘들다).

운동을 생활 습관으로 삼는 이유 말인가요? 운동의 장점은 다
방면에 걸쳐 있어서 한 가지 이유를 꼽으라고 하면 곤란한데,
가장 중요한 이유 중 하나는 틀림없이 건강 관리일 것입니다.
세계적인 엘리트들은 지위와 명성, 돈이 아무리 많아도 건강을
잃으면 무용지물이라는 사실을 알고 있지요. 건강을 잃으면 열
정을 갖고 장시간 업무와 마주하는 것조차 불가능합니다. 그
들은 건강이야말로 인간이 가질 수 있는 가장 귀중한 재산이라
는 사실을 인식하고 있는 것이지요. 제가 '건강'이라고 말하는

것에는 몸의 건강뿐만 아니라 마음의 건강도 포함됩니다. 몸과 마음 모두 튼튼한 상태가 되지 않는 한, 사람은 인생을 누릴 수 없을 테니까요. 그리고 이 책에서도 줄곧 언급한 대로, 운동은 마음에도 몸에도 좋은 영향을 미칩니다. 몸을 갈고닦아 유지하고 만성적인 통증을 예방하며 자존감을 키워주는 웨이트 트레이닝을 많은 고위 경영진들이 선택하는 것은 필연이라고도 할 수 있습니다. 온라인 재무관리 무료 서비스로 알려진 Mint.com 창업자 아론 패처는 "좋은 운동 없이 매일 14시간 일하기는 불가능하다. 만약 운동하지 않는다면 굉장히 피곤하고 집중력도 떨어질 것이다"라고 말했습니다. 그의 전형적인 하루는 먼저 9시부터 18~19시까지 일한 후, 저녁 식사와 웨이트 트레이닝 등의 운동에 2시간을 소비하고 다시 새벽 1시 즈음까지 일하는 루틴이라고 합니다. 그와 같은 스타트업 창업자는 실제로 '심신을 건강하게 유지하고 힘을 내서 일하기 위해' 단련하고 있다고 할 수 있습니다.

웨이트 트레이닝과 유산소 등의 운동은
집중력과 생산성, 기억력, 창조성 향상에
도움이 된다는 이야기도 들은 적이 있어요.

하버드 메디컬 스쿨 연구에서 정기적인 운동은 기억력, 집중력, 명석한 두뇌와 관련 깊은 화학물질의 분비를 돕는다는 사실이 증명되었습니다. 영국 버진그룹의 창립자인 리처드 브랜슨도 "생산적으로 살기 위한 비결은 운동이다"라고 했고, 수영, 요가, 클라이밍, 웨이트 리프팅 등에 힘쓰고 있다고 인터뷰에서 밝혔지요. 더욱이 "운동을 함으로써 생산적인 시간이 하루에 4시간은 늘어난다"라고도 말했습니다. 또 세계에서 가장 오래된 장학제도로 알려진 옥스퍼드대학의 로즈 장학제도는 학생을 선발할 때 학업 성적과 마찬가지로 스포츠 성적을 중시합니다. 그 이유는 무엇일까요. 체력과 학식을 겸비한 사람은 '좋은 습관'을 갖고 있기 때문이지요. 감량을 위해서든 정해진 거리를 뛰기 위해서든, 자신의 목표를 설정하고 계획을 세우며 시간을 내어 이를 실행하고 그 결과를 분석하여 계획을 수정하는 일련의 흐름은 공부, 스포츠, 업무 등 어디에나 공통된 사항입니다. 영업 기준치를 달성하는 프로세스도 벤치프레스 140kg을 달성하는 프로세스도 본질을 보면 같은 것이지요. 목표를 설정하고 그것을 달성하는 데 쾌감을 느끼는 목적지향형(골 오리엔티드) 인간은 어떤 분야에서도 성공하기 쉽습니다.

민첩성 운동(급격한 방향 전환과 완급을 조절한 움직임을 반복하는 트레이닝)을 통해 군인들의 기억력이 향상되었다는 보고도 있어요(Lennemann 외, 2013). 더욱이 시드니대학에서 진행한 프로젝트(Study of Mental and Resistance Training)도 웨이트 트레이닝이 뇌에 주는 긍정적인 영향에 대해 몇 가지 견해를 발표했습니다

(Mavros 외, 2017). 보고에 따르면 ①고령자라도 웨이트 트레이닝을 하면 근력이 좋아지고 인지 기능이 향상되며 심폐 기능도 좋아진다 ②인지 기능은 심폐 기능이 아니라 근력과 깊은 관계가 있다고 합니다.

운동이 뇌에 좋은 영향을 준다는 사실은 이미 과학적으로 증명이 되었군요! 호르몬 활동을 간과할 수 없다는 견해도 있지요.

웨이트 트레이닝과 호르몬에 대한 연구도 많습니다. Testosterone 씨의 이름의 유래이기도 한 테스토스테론이라는 호르몬은 40세를 절정으로 1년마다 1~2%씩 줄어듭니다. 그리고 혈중 테스토스테론 농도가 낮으면 비만이나 알코올 중독, 스트레스 등의 원인이 된다는 사실도 보고되었고요. 이러한 증상을 예방하기 위해서 임상에서는 약을 복용하거나 전용 패치를 피부에 부착하는 등 다양한 의료 행위가 실시되고 있지만 웨이트 트레이닝을 하는 것으로도 혈중 테스토스테론 농도를 높일 수 있다는 사실이 수많은 연구에서 보고되었습니다. 운동을 하면 테스토스테론이 수백 배 높아진다는 식으로 단언할 수는 없지만, 혈중 테스토스테론 농도가 낮은 사람에게 웨이트 트레이닝이 효과적인 것은 틀림없는 듯합니다.

> 테스토스테론 수치와 업무 사이에는
> 어떤 관계가 있나요?

영국 케임브리지대학 연구팀에서 실시한 조사에 따르면, '금융기관의 트레이더는 남성호르몬인 테스토스테론의 농도가 높을 때 좋은 성적을 낸다'라고 합니다. 테스토스테론의 분비에 따라 자신감과 집중력이 높아지고 그것이 좋은 성적으로 이어질 가능성이 있다는 결과로 화제가 되었지요. 이 조사는 런던의 금융가 더 시티The City에서 일하는 트레이더 17명을 대상으로 실시했고, 8영업일 연속 오전 11시와 오후 4시에 수액을 섭취하여 테스토스테론 농도와 업무 성과의 관계를 조사한 것입니다. 그 결과 트레이더는 테스토스테론 농도가 높아진 날에 더 큰 이익을 냈다고 합니다.

리더십, 자기 관리 능력, 시간 관리, 올바른 노력 방법, 목표 설정 능력, 목표 달성 능력, 그리고 척척 일을 해내기 위한 체력과 심신의 건강. 비즈니스에 필요한 대개의 자질은 웨이트 트레이닝과 떼려야 뗄 수 없는 것뿐이군요. 비즈니스에서 성공하고 싶다면 웨이트 트레이닝을 하지 않을 수 없습니다. 빡빡한 스케줄을 가진 오바마 대통령도 해냈으니 시간이 없다는 핑계는 듣고 싶지 않습니다!

실화 르포 만화
CASE 2

이직 실패의 절망을 웨이트 트레이닝으로
날려 버린 이야기

회사원
모니카 씨의 이야기

대학 졸업 후
4년 동안 백화점에서 근무했는데

불황으로 인한 업계 전체의
실적 악화로 장래를 생각하여
이직을 결심했어요

안정된 생활을 원하기도 했고
경찰이었던 아버지의
영향도 있어서

경찰관을 목표로
처음부터 다시
열심히 공부했습니다

해냈어…!

필기, 체력 시험, 면접 모두 통과

새로운 생활을 준비하면서
건강검진 결과를
기다리고 있었는데

네…?

새…
색각
이상이요
…?

네…

채용은
이제
어려울지도
…

뜻밖에도
색각 이상으로
불합격…

미안
하구나…

유전이 원인이라
부모님도 우셨고

그렇다고 해서 책망할 수도
없는 일이고…

생각지도 못한 이유로 떨어졌기 때문에
솔직히 어떻게 슬퍼해야 할지도 몰라서

땡

땡

땡

들어가지 마시오

들어가지 마시오

땡

땡

난생처음으로
죽는 편이
나을지도
모르겠다고
생각했습니다

들어가지 마시오

쿠궁
쿠궁
쿠궁

그때 우연히 서점에서

Testosterone 님의
책을 보게 되었고…

……

죽고 싶다는 생각이 들면
3개월만 웨이트 트레이닝을 하라!

될 리가
없지!

빙글

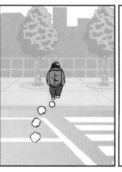

3개월 후

슈우우웅

진짜였어…

웨이트 트레이닝을 시작하고 3개월 만에

백화점에서 근무하면서 건강과는 먼 생활 습관으로 쌓은

10kg의 불필요한 살을 없애 버렸고

처음에는 날씬하게 체지방을 줄이기만 하면 멋있다고 생각했는데

헬스장에 다니며
트레이너들을 보니
몸집이 큰 사람이
멋있다는 쪽으로
생각이 바뀌어
벌크업파로 전향했습니다

멘탈도 제법 좋아졌습니다
나 자신을 자제할 수 있게
되었지요

원래 자기 자신에게 관대한 성격이어서

지금까지는 술이든 담배든
어떤 이유를 붙여서라도 해 왔는데

'다이어트에 성공했다'
'근육이 붙었다'와
같이 성공 체험을
쌓아 가면서

스스로 그런 성공을
방해하고 싶지 않다고
생각하게 되었습니다

오랜만
이네~

아!

또 하나의 큰 수확은…

선배님도 여기 헬스장 다니셨네요!

그래! 지금 무슨 일 하나?

그게- 이직에 실패해서…

음, 그래? 그럼 우리 회사 한번 넣어 볼래?

그렇게 지금의 회사에서 근무하게 되었습니다

웨이트 트레이닝을 하다 보니 취직까지 된 거죠

정말로 웨이트 트레이닝은 최강의 솔루션이었어요!

나 같은 사람을 놓쳐서 아쉬울 거야!

훅

라고 말이죠!

지금은 경찰관이 되지 못한 일도 긍정적으로 생각하고 있답니다!

제5장

다이어터야말로
웨이트 트레이닝을 해야 하는
진짜 이유

어떤 다이어트 비법도 나쁜 식습관을 무너뜨릴 수는 없다

식사 제한은 필요하지 않다고 주장하는 다이어트는 절대 믿지 마라. 살은 빼고 싶은데 먹는 것은 참고 싶지 않다는 모두의 바람을 이용해서 악질적인 사기를 치는 것과 같다. 미국에는 '아무리 훌륭한 트레이닝 습관도 나쁜 식습관을 무너뜨릴 수는 없다'라는 말이 있는데 이 말은 진실이다. 달콤한 말에 속지 마라.

다이어트를 위한
근육의 경이로운 역할

웨이트 트레이닝→근육이 커진다→근육 주변 체지방은 아직 남아 있으므로 살이 찐 것처럼 느껴진다(여기서 멈추면 안 된다. 웨이트 트레이닝의 진가는 지금부터다.)→대사량이 높아진다→ 체지방이 급속도로 빠지기 시작한다→균형 잡힌 몸매 완성→체지방이 감소하고 근육이 증가한 몸은 대사도 근육의 인슐린 감수성도 높아져 요요가 오기 힘든 체질로 변한다.

근력 강화는 운이 아닌 노력

웨이트 트레이닝에 따른 다이어트와 육체 강화는 운과 재능이 아닌 선택과 노력의 영역이다. 타인과 경쟁하는 비즈니스나 수험과는 다르다. 웨이트 트레이닝과 식사량 조절은 절대로 배신하지 않으며, 한 만큼 확실하게 노력의 열매를 맺는다. 틀림없이 과거의 자신을 뛰어넘을 수 있다. 그만큼 변명이 절대 통하지 않는다. 재미있을 것 같지 않은가? 그럼 근성을 시험하기 위해 웨이트 트레이닝을 시작해 볼까!

체지방을 버린다는 것의 의미

불필요한 것들 중에서 비움으로써 가장 큰 효과를
내는 것이 무엇인지 아는가? 바로 오랫동안 축적한
체지방이다. 방에 있던 쓸모없는 물건들을 깨끗하게
버렸을 때처럼 인생이 좋은 방향으로 흘러간다.
필사적으로 웨이트 트레이닝을 해서 나약한 자신을
이겨내고 체지방을 털어 냈을 때의 효과는 상상을
훨씬 뛰어넘는다. 몸이 변하면 인생이 바뀐다.
웨이트 트레이닝으로 인생 역전.

이를 닦듯 운동하라

"안녕하세요! 효율적인 웨이트 트레이닝,
충실한 헬스장 생활, 웨이트 트레이닝 덕후입니다!
무슨 일이 있어도 살을 빼고 싶은 여러분!
다이어트와 운동은 필요할 때만 잠깐 하면 된다고
생각하시나요? 하… 그럼 질문하겠습니다!
이를 깨끗하고 건강하게 유지하기 위해
2주 정도만 양치질을 하고 그만두시겠습니까?"
…그럴 수는 없다. 이를 평생 닦아야 하듯이
운동도 계속 해야 한다.

아무렇지 않은 한마디가
타인의 인생을 망친다

아무렇지 않게 뚱보라는 말을 쓰지 마라. 자신의
몸 상태는 본인이 제일 잘 알고 있을 것이며 어떤
사정이 있을지도 모르는데 안일하게 말을 내뱉어서
좋을 것이 없다. 이를 계기로 사람을 피하게 되거나
과도한 다이어트로 식이장애에 빠지는 사람도 있다.
아무렇지 않은 한마디가 그 사람의 인생을 망칠 수
있다. 인간은 약하다. 배려심을 갖고 살자.

공포심으로 시작한 다이어트는 지속할 수 없다

'살 빼야 하는데', '뚱뚱해지기 싫다'라는
공포심에서 다이어트를 시작하면 '체지방을 빼서
예뻐지고 싶다', '근육을 키워서 매력적인 몸을
만들고 싶다'처럼 스스로 원해서 다이어트를 할
때와는 하늘과 땅 차이가 난다. 전자는 괴롭고
후자는 즐겁다. 즐거우므로 계속 이어갈 수 있고
끝내 결실을 맺는다. 웨이트 트레이닝을 하면
자연스럽게 후자의 마인드를 갖출 수 있다.

이상적인 몸을 손에 넣는 수단

다이어트의 정의를 '이상적인 몸을 얻기 위한
수단'이라고 생각한다면 웨이트 트레이닝이
최강의 다이어트 방법이다. 웨이트 트레이닝만큼
효율적으로 이상적인 몸매를 만들어 낼 수 있는
활동은 없다. 체중만 신경 쓰는 다이어트는
잘못되었다. 체중 따위 몸만 좋으면 아무래도 좋다.
중요한 것은 몸이다. 몸을 바꾸기 위해서는 웨이트
트레이닝이 최고다.

Q 다이어트를 할 때 반드시
웨이트 트레이닝을 해야 하나요?

웨이트 트레이닝&
유산소 운동이 최강의
다이어트 방법입니다.

거리에는 다양한 다이어트 정보가 넘쳐납니다. 사과 다이어트, 커피 다이어트, 치환 다이어트[*], 레코딩 다이어트[**]……. 일단 종류가 너무 많아서 무엇을 해야 할지 모르겠다는 사람이 많습니다. 다이어트를 하려면 웨이트 트레이닝을 하는 편이 좋은지, 역시 식사에 신경을 쓰는 편이 좋은지, 달리기 등의 유산소 운동이 좋은지 궁금해요. 어떤가요?

다이어트를 '체중과 체지방을 줄이는 것'이라고 정의한다면 섭취 칼로리를 소비 칼로리 미만으로 낮추는 것이 대전제가 됩니다. 그렇게 하려면 섭취 칼로리를 조절하기 위한 '식사'와 칼로리를 소비하기 위한 '운동'이 열쇠가 되지요. 한 연구에서는 피험자를 웨이트 트레이닝(RT=Resistance-Training), 유산소 운동(AT=Aerobic-Training), 유산소 운동&웨이트 트레이닝(AT/RT)의 세 그룹으로 나누어 각각 체중, 체지방률, 근육량, 허벅지 둘레, 허리둘레에 미치는 영향을 검토했습니다(Willis 외, 2012). 그 결과, ①체중 감소는 AT 및 AT/RT가 RT보다 크다 ②체지방률, 체지방량 및 허리둘레 감소는 AT/RT가 가장 크다 ③근육량의 증가는 RT가 가장 크다 ④허벅지 둘레는 AT보다 RT 및 AT/RT에서 증가 폭이 크다고 나왔고 여기에서는 두 그룹 모두 비슷하게 증가했다는 결과를 얻었습니다. 이를 통해 다음과 같은 사실을 알 수 있습니다.

[*] 평소 식사의 일부를 저칼로리 음식으로 대신하는 다이어트 방법
[**] 먹은 음식과 체중을 매일 기록하는 다이어트 방법

①단순하게 체중 감소를 목적으로 한다면 유산소 운동 및 유산소 운동&웨이트 트레이닝의 조합이 효과적이다.

②체지방률과 체지방량을 줄이면서 허리를 잘록하게 만들고 싶다면 유산소 운동&웨이트 트레이닝의 조합이 효과적이다.

③근비대가 목적이라면 웨이트 트레이닝 단독으로 실시하는 것이 효과적이다.

④근육을 만들지 않고 체중을 줄이고 싶다면 유산소 운동이 효과적이다.

자신이 어떤 몸을 이상적으로 생각하느냐에 따라 어떤 운동 방식을 선택할지를 결정하는 것이 좋습니다.

여기에서 일단 차분하게 생각해 보길 바랍니다. 다이어트의 목적은 '체중계의 숫자를 줄이는 것'이 아니라 '이상적인 체형을 만드는 것'일 테지요. 체중만 신경 쓰면 이상적인 체형은 얻을 수 없습니다. 체중은 하나의 지침에 불과하니까요. 체지방률과 근육량, 허리둘레 등 체중으로는 보이지 않는 이상적인 체형에 다가가기 위한 지침은 많습니다. 미국에는 스키니 팻skinny fat이라는 말이 있습니다. 스키니 팻이란 체중만 보면 말라 보임에도 불구하고 실제 몸은 체지방이 많고 근육량이 적은 체형을 가리키는 말입니다. 여기서 움찔한 독자도 많겠지요? '이상적인 체중에는 도달했는데 거울에 비치는 내 몸은 영 마음에 들지 않네. 이상하다?' 하고 생각하는 사람은 십중팔구 이 스키니 팻 상태에 빠진 것입니다. 건강하고 아름답게 체중을 줄이기 위해서는 근육량 유지가 필수입니다. 근육이 빠지면 보디 라인이 무너지고 피부가 처지며 대사가 떨어져, 결과적으로 못생긴 몸이 되고 마는 것이죠. 영양실조라고 불릴 수준으로 칼로리 제한을 하고 장시간 유산소 운동을 하면 물론 체중은 빠집니다. 빠지기는 하지만 그렇게 해서는 스키니 팻이 될 가능성이 큽니다. 아름답게 살을 빼고 싶은 사람은 유산소&웨이트 트레이닝을 선택, 근육 고릴라를 목표로 하고 싶다면 웨이트 트레이닝만을 선택하면 됩니다! 유산소만으로 체중을 감량한다고 해도 가능한 한 근육이 희생되지 않도록, 적어도 고단백질 식사만큼은 꼭 챙겨 먹읍시다!

다른 연구에서는 웨이트 트레이닝과 유산소를 조합하면 소비 칼로리가 늘어난다는 사실을 알 수 있어요. 보고에 따르면, 웨이트 트레이닝 단독으로는 1분당 10.4kcal(여성은 6.4kcal)였던 소비 칼로리가 웨이트 트레이닝과 유산소 운동을 조합하자 약 13kcal(여성은 8.4kcal)로 늘었다고 합니다(Benito 외, 2016). Testosterone 씨가 말한 대로 근육을 유지하면서도 효율적으로 체중을 감량하고 싶다면, 웨이트 트레이닝&유산소가 좋은 듯합니다.

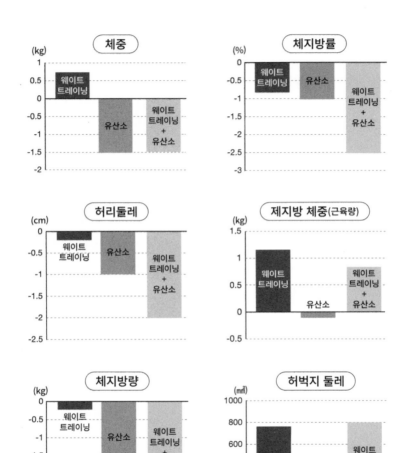

(Willis 외, 2012를 바탕으로 재구성)

그렇군요! 빼빼 마른 것이 아니라 탄탄한
몸매를 만들고 싶다면, 체지방 감소뿐만 아니라
어느 정도의 근육 유지가 중요하군요.
식사법에는 어떤 비결이 있나요?

예를 들어 '밤에 먹으면 살이 찌기 쉽다', '아침밥을 먹으면 살이 빠진다'와 같이 화제를 불러 모으는 문구는 조심하는 편이 좋습니다. 예전에 '늦은 시간에 먹으면 특정 시계 유전자의 활동으로 살이 찌기 쉽다'라는 설이 사실인 양 돌았던 적이 있는데요, 최근 연구에서는 의문스럽다는 의견이 많습니다. 또 '골든타임'이라고 해서 웨이트 트레이닝 후 30분 이내에 단백질(그리고 탄수화물)을 섭취하는 것이 근육 성장에는 필수라는 말도 있었는데, 최근 들어 반드시 운동 직후에 영양소를 보충할 필요는 없으며 하루에 필요한 양을 잘 지키면 괜찮다는 의견이 주류가 되고 있습니다.

밤 9시 이후 먹지 않으면 살이 찌지 않는다던가
아침 식사를 하면 대사 스위치를 켤 수 있다는
말에는 별로 근거가 없다는 뜻이군요…….

그렇습니다. 다만 일일 영양소 섭취의 총량을 지켜야 한다는 견해에는 의견이 일치합니다. 예를 들어 단백질의 경우, 체중 1kg당 0.8g에서 2.0g의 단백질 섭취가 권장되지요.

웨이트 트레이닝이라는 말을 들으면 프로틴이라는 말이 자연스럽게 연상될 만큼 웨이트 트레이닝과 프로틴에는 깊은 연관성이 있는 듯한 이미지예요. 실제로 그런가요? 웨이트 트레이닝을 하는 사람들은 정말로 단백질을 많이 먹나요?

웨이트 트레이닝을 하는 사람이 평소에 '프로틴, 프로틴' 하고 말한다고 여긴다면 큰 착각입니다. 우리는 그런 단세포 같은 종족이 아닙니다(아, 슬슬 프로틴 마실 시간이다).

그건 그렇고, 좋은 부분을 지적했네요. 단백질, 식단에서 아주 중요한 부분이 바로 이것입니다. 웨이트 트레이닝을 취미로 하는 사람과 가장 관계 깊은 영양소입니다. 여러분, 프로틴(단백질)의 어원을 아십니까? 고대 그리스어로 '가장 중요한 것'을 의미하는 프로테이오스proteios가 어원으로 여겨지고 있다고 합니다. 고대 그리스의 위대한 사람이 단백질을 '가장 중요한 것'이라고 말하고 있어요. 매우 엄청나게 대단한 것임에는 분명하죠? 그 근거로 인간의 몸은 대부분 물과 단백질로 구성되어 있는데 근육, 내장, 피부, 머리카락, 손톱에 이르기까지 모든 것이 단백질로 구성되어 있습니다. 즉 단백질이 부족하면 몸의 어딘가에 이상이 나타납니다. 그리고 또, 또! 단백질에는 일반인이 잘 모르는 또 하나의 큰 비밀이 있습니다. 여러분, 식사 유발성 열생산Diet-Induced Thermogenesis, DIT이라는 말을 아십니까? 식사 유발성 열생산을 알게 되면 결국 당신은 고단백질 식사의 매력을 거부할 수 없을 것입니다. 하… 식사 유발성 열생산을 알기 쉽게 설명하고 싶다. 모두가 알 수 있도록 무척 알기 쉽고 주의 깊게 설명하고 싶다…(잘난 척). 구보 박사! 박사로 정했다!

포켓몬 소환하듯이 부르지 마세요. '지우'는 무시하고 식사 유발성 열생산에 대해 설명하겠습니다. 우리는 식사에서 영양을 섭취할 때에도 칼로리를 소비합니다. 칼로리를 섭취하는 동시에 소화흡수 자체에도 에너지를 쓰는데 이를 '식사 유발성 열생산'이라고 하며, 단백질이 약 30%, 지질과 당질에서는 약 7%로 보고되어 있습니다. 예를 들어 같은 100kcal를 섭취했다고 해도 단백질을 섭취한 경우에는 그중 30kcal가 에너지로 소비되는데, 지질과 당질에서는 7kcal 정도만 소비되는 것이지요. 참고로 단백질, 지질, 당질의 균형을 갖춘 식사의 경우, 식사 유발성 열생산은 약 10%로 알려져 있는데 단백질을 많이 섭취함으로써 식사 유발성 열생산을 높일 수 있을 것으로 예상합니다. 특히 평소에 당질과 지질만 섭취한 사람의 경우, 식사의 구성 성분을 수정하고 단백질을 많이 섭취함으로써 식사 유발성 열생산에 의한 소비 칼로리를 높일 수 있겠지요.

저녁 식사로 혼자 사는 남성이 자주 먹는 카레나 라면, 닭튀김과 볶음밥 등을 돌아가며 먹는 것은 안 좋겠네요…….

식사 유발성 열생산에 대해 한 가지 예를 들어 보겠습니다. 하루에 약 2,000kcal를 섭취하는 A 씨와 B 씨가 있는데, A 씨는 하루의 단백질 섭취량이 200g(+탄수화물 200g, 지질 45g), B 씨는 단백질 섭취량이 50g(+탄수화물 350g, 지질 45g)이라고 합시다. 여기에서 전제는, 단백질과 탄수화물은 1g당 칼로리가 4kcal, 지질은 9kcal입니다. 하루의 식사 유발성 열생산을 다음 쪽에 나오는 수식처럼 계산하여 산출하면 A 씨는 324kcal, B 씨는 186kcal입니다. 이와 같은 식사를 1주일 동안 지속했을 때 A 씨는 2,268kcal, B 씨는 1,302kcal가 됩니다. 또, 이를 1년 동안 지속한다고 가정하면 A 씨는 118,260kcal, B 씨는 67,890kcal가 되며 두 사람의 식사 유발성 열생산의 차이는 약 50,000kcal가 됩니다. 체지방은 1kg당 7,200kcal이므로, 총 섭취 칼로리는 유지하고 단백질의 비율을 높이는 것만으로 체지방 약 7kg분이나 칼로리를 절약할 수 있는 것입니다.

하루치 식사의 섭취 칼로리

A 씨

단백질   200g→200×4=800kcal

탄수화물   200g→200×4=800kcal

지질   45g→45×9=405kcal

합계 2,005kcal

B 씨

단백질   50g→50×4=200kcal

탄수화물   350g→350×4=1400kcal

지질   45g→45×9=405kcal

합계 2,005kcal

식사 유발성 열생산으로 소비되는 칼로리 ※하루당

A 씨

단백질   800kcal×30%=240kcal

탄수화물   800kcal×7%=56kcal

지질   405kcal×7%=28.35kcal

합계 324kcal

B 씨

단백질   200kcal×30%=60kcal

탄수화물   1400kcal×7%=98kcal

지질   405kcal×7%=28.35kcal

합계 186kcal

식사 유발성 열생산은 즉 섭취한 칼로리 중 일부가 처음부터 없던 일이 된다는 거네요? 닭가슴살이나 브로콜리 등 고단백질의 다이어트 음식에는 제대로 된 근거가 있었군요! 그런데 웨이트 트레이닝 자체에 감량 효과는 있나요?

웨이트 트레이닝도 운동이라서 칼로리를 소비하는데, 그 소비 칼로리 자체는 그만큼 크지 않습니다. 미국 스포츠의학회 ACSM의 공식 견해에 따르면, 웨이트 트레이닝은 활동 대사를 높인다는 의미에서는 체지방 감소에 효과적일지도 모르나 단독으로 실시할 때의 임상적인 체지방 감소 효과는 적다고 합니다. 그러므로 살을 빼기 위해서는 웨이트 트레이닝만 하는 것보다 적절하게 유산소 운동을 병행하는 것이 좋다는 의미가 되겠지요.

근육량을 유지하기 위해 웨이트 트레이닝을 하면서 유산소 운동을 병행하여 체지방을 줄이고, 고단백 식사로 식사 유발성 열생산도 이용하는 것이 효율적이라는 말씀이군요. 다이어트에는 왕도가 있었네요!

쉽게 살을 빼고 싶어 하는 사람이 많은데, 쉬운 다이어트 같은 건 없습니다. 역시 왕도는 제대로 먹고 운동하고 충분히 자는,

인간의 기초로 되돌아간 생활 습관을 익히는 것이지요. 그중에서도 식사 유발성 열생산은 꼼수에 가깝습니다. 우리는 의식적으로 단백질 중심 식사로 전환하기만 하면 되고, 이후에는 무의식중에 몸이 알아서 여분의 칼로리를 소비해 주니까요. 게다가 고단백질 식사는 근육 유지에도 도움이 된다고 합니다. 이렇게 이득이 넘치는 정보, 이용하지 않을 수 없지요.

다이어트 관련 정보에는 정말 도시 전설이 많습니다. 예를 들어, 갑자기 체중을 줄이면 요요가 오기 쉽다는 말은 옛날부터 있었는데, 2016년에 〈Obesity〉지에 게재된 논문에 의하면 식단 조절 이후의 체중 증가는 체중 감소 기간에 기인하지 않는다고 합니다.

갑자기 살을 빼면 별로 좋지 않다고 해서 좀처럼
다이어트를 하지 않는 사람도 있지요(웃음).

물론 무리하게 식사량을 제한한 후에 해방감으로 과식을 하거나 갑자기 좋아하는 음식을 마구 먹는다면 체중이 증가하는 것은 자명하므로 그 부분에는 주의해야 합니다. 건강하고 과학적인 관점으로 건전하게 다이어트에 돌입하는 사람이 늘어나기를 바랍니다!

내가 섭식장애를 극복할 수 있던 이유

아이돌 겸
헬스 트레이너
meru 씨의 이야기

고등학생 때
언더에서
아이돌 활동을
했었는데
어느 날 매니저가

살 좀 더
빼는 게 어때?

라고 말하더라고요…

그렇게 무리한 다이어트를
반복하다 보니

거식증에
걸리고 말았습니다

항상 배가 비어 있지 않으면 불안해서

꼬르르르륵

꼬르르르륵

하루 종일 아무것도 먹지 않았어요…

문득 정신을 차려 보니
키 156cm에
몸무게 33kg이었어요…

항상 주변 사람을 보며

저런 몸으로는 못 살아!

라던지

라며 남과 비교하기만
했지요

쟤보다 말랐으니까 괜찮아!

와구

와구

와구

그런데 그러던 중
반작용으로

131

이번에는 폭식증에 걸려서…
배가 찢어질 때까지 먹고

먹은 걸 도로 토해냈어요
잔뜩 먹어도 토하면 괜찮다고…
완전한 폭식 구토였습니다

와구   와구

익숙해지니
손가락을 쓰지 않아도
구토를 조절할 수 있었어요

병원에도 가 보았지만
상담만 할 뿐
별로 효과가 없었습니다…

이런 행동에도
다 이유가 있었는데

괜찮아?

콜록

우웩

콜록

응…
괜찮아…

쏴아ー

주변 사람들도
다 그렇게 한다는
데서 오는 이상한
안도감이 있었어요

매 끼니를 먹고
구토를 하는 생활의
반복으로 몸은 삐쩍
말라만 갔습니다

그런 지옥 같은 나날에서
구해준 것이

촤아악———

웨이트 트레이닝이었습니다

너 말이야~

왜…

지인에게서 들은
한 마디가 계기였는데…

마르긴
했는데
엉덩이가
처졌네

뭐라고
?!

예쁜 엉덩이를!

외국 여성들의
탱탱한 엉덩이를
동경해서

매일 엉덩이만
생각하는 '엉덩이
중심 생활'을
하게 되었어요!

엉덩이를 예쁘게
만들고 싶다는
일념으로 웨이트
트레이닝을 이것저것
배우다 보니

점점 웨이트 트레이닝의
매력에 빠졌고…

이 정도로요

네-

아키하바라에 있는
'메이드 헬스장'에서
트레이너까지
하게 되었습니다!

웨이트 트레이닝 하는 모습을
유튜브에 올려라면 아무 말 말고 스쿼트

'처졌다'라는
말을 들었던 엉덩이를
콘텐츠로 활동하고 있습니다

meru 채널
채널 구독자 수 5.4만 명

135

예전에는 '마르기만 한 몸=아름다움'이었는데

'굴곡 있는 탄탄한 몸=아름다움'으로
미의 기준도 변했어요!

근육을 만들기 위해서는 건강한 식생활에

산뜻

규칙적인 생활 리듬이 필수라는 걸
깨닫고 이 두 가지를 개선함으로써

보란 듯이
섭식장애를
극복할 수
있었습니다!!

잘 챙겨 먹고
웨이트 트레이닝
실컷 해야지!

가끔
트위터 등에서

라고 말하는 사람이 있는데요

136

점점 저만의 이상적인 체형으로
변해가고 있기 때문에
아무렇지 않아요

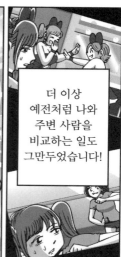

더 이상
예전처럼 나와
주변 사람을
비교하는 일도
그만두었습니다!

헬스장에도 최근에
'엉덩이를 크게 만들고
싶다'라는 여성 회원들이
늘어서 기쁩니다!

더욱 아름다운 엉덩이로
세계를 건강하게 만들고 싶어요!

제6장

장수하고 싶다면
웨이트 트레이닝을 하라

웨이트 트레이닝 정책의 파괴적 효과 4선

①의료비 문제: 웨이트 트레이닝→생활습관병 개선→의료비 절감

②요양 돌봄 문제: 웨이트 트레이닝→건강 수명이 늘어난다→요양 돌봄 수요가 줄어든다

③저출산: 웨이트 트레이닝→섹시한 남녀 증가 (예쁜 엉덩이는 웨이트 트레이닝으로 만들 수 있다)→연애 시장 활성화→결혼 증가→출산율 증가

④경제 활성화: 웨이트 트레이닝→테스토스테론 수치 UP→의욕, 활력 향상→생산성 향상

웨이트 트레이닝은
뛰어난 예방의학이다

웨이트 트레이닝은 가장 뛰어난 예방의학적인 활동 중 하나이다. 몸과 건강이라는, 돈으로 환산하면 수십억에 달하는 자산을 생활습관병과 노화로부터 가장 효율적으로 지킬 수 있는 보험이라고 해도 과언이 아니다. 최강의 보험인 데다 웨이트 트레이닝을 하면 남녀 모두 이상적인 몸을 얻어 행복한 인생을 보낼 수 있다. 게다가 매우 즐겁다. 웨이트 트레이닝은 하지 않으면 손해.

수면을 줄이는 일=생명을 줄이는 일

요즘 잠을 충분히 자고 있는지 생각해 보자. 수면은 매우 중요한 것으로, 수면을 줄이는 일= 생명을 줄이는 일이라고 할 정도이다. 수면의 혜택은 자율신경과 호르몬 균형의 조절, 면역력 향상 등 셀 수 없이 많고, 수면이 부족하면 모든 것이 무너진다. 수면은 비용 대비 가장 효과가 높은 자기 투자이다. 충분히 자도록 하자! 굿나잇!

될 대로 되라는 식의 음주나 식사보단 웨이트 트레이닝

‘두 손 두 발 다 들었어!’라는 생각이 들 때는
될 대로 되라는 식의 웨이트 트레이닝을 추천한다.
돈도 들지 않고 건강도 해치지 않으며 몸에도 좋고,
2시간 조금 안 되는 시간으로 완전히 피곤해지므로
시간도 덜 들고, 땀을 흘림으로써 상쾌함을 느낄 수
있으며, 밤에는 힘이 빠져 쓸데없는 일을 생각할
겨를도 없이 푹 잘 수 있다. 분명하게 말하는데
최강의 방법이다. 될 대로 되라는 식의 음주나
식사보다는 웨이트 트레이닝.

웨이트 트레이닝 보험에
지금 당장 가입하라!

웨이트 트레이닝은 예방의학. 생활습관병에 걸려
웨이트 트레이닝을 실컷 할 수 없는 몸이 될 때도
있고, 우울증에 걸려 웨이트 트레이닝을 할
기력조차 사라지는 일도 있을 테다. 그러므로
지금 당장 웨이트 트레이닝을 시작하라. 웨이트
트레이닝은 생활습관병과 우울증에 걸릴 위험을
확실하게 줄여 준다. 암에 걸린 후에 보험 가입을
하려면 이미 늦다. 마찬가지다.
Let's Start 웨이트 트레이닝 Now!

감기 기운이 있다면
기합 넣은 스쿼트를 하라

쉽게 컨디션이 나빠지는 사람은 기합이 부족하다. 마음을 다잡지 못하고 절제 없이 살고 있다는 증거다. 사회인으로서 실격. 정말 한심하다. 병은 마음먹기에 달렸다고 한다. 나를 봐라. 감기 기운이 있는 것 같아서 기합 넣은 스쿼트로 날려 버리려고 운동하고 돌아온 지금, 무사하게 악화되어 누워 있다. 내일은 일을 쉴 예정.

Q 웨이트 트레이닝을 하면 오래 산다는 말이 있는데요.

 웨이트 트레이닝을
하는 사람이
사망 위험도가
낮습니다.

웨이트 트레이닝을 중심으로 생활하면 마음과 생활 리듬이 안정되고 멋있는 몸을 만들 수 있어 QOL이 높아진다고 배웠습니다. 거기다 예방의학적인 측면도 있지요. 웨이트 트레이닝과 건강의 관계에 대해 알려 주세요.

먼저 대전제로, '웨이트 트레이닝이 전체적으로 건강하고 긍정적인 영향을 준다'라는 데에는 학계에서도 거의 이론이 없습니다. 그러므로 '웨이트 트레이닝이 건강에 좋은 이유는 무엇일까?', '어떠한 메커니즘일까?'와 같이 기초적인 연구가 많이 실시되고 있지요. 예를 들어 약리학적인 접근과 영양학적인 접근에 더해, 고강도(고중량) 웨이트 트레이닝을 하면 골밀도가 증가하는 현상이 생기는데, 이는 코어 운동(특히 머리부터 다리에 걸쳐 중량을 느끼는 것: 스쿼트와 숄더프레스 등)을 하면 뼈에 자극이 가, 뼈 형성을 촉진하는 원리라고 합니다.

앞에서도 언급했는데, 웨이트 트레이닝이 중장년의 건강 수명을 늘리는 데 큰 공헌을 하고 있으며, 국가 단위의 넓은 시야로 보면 의료비 절감, 요양 돌봄 문제 해결, 노동인구 증가, 소비 증가로 우리가 안고 있는 심각한 문제를 한꺼번에 해결할 수 있다는 말은 농담이 아닙니다. 진지하게 말해, 저출산, 고령화, 온난화, 디플레이션 등 현재 우리 사회가 갖고 있는 문제들을 해결하기 위해 의무 웨이트 트레이닝보다 좋은 방법이 떠오르지 않습니다. 웨이트 트레이닝이 모두를 구할 날이 머지않았습니다. 전 인류 웨이트 트레이닝 시대인 것이죠.

그러고 보니 운동 습관이 없는 중장년이 병원에 가면 의사가 걷기 운동과 동시에 웨이트 트레이닝을 권하는 경우가 많은 것 같아요. 예방의학적인 의미에서의 웨이트 트레이닝이 국민에게 널리 퍼지면 국가 차원에서도 긍정적인 효과를 낳을 것 같네요.

네. 웨이트 트레이닝, 유산소 등의 운동과 건강, 수명의 관계에 대한 연구가 제법 많이 진행되었습니다. 또한 수천, 수만에 달하는 큰 집단을 대상으로 어떠한 질병과의 관계를 조사하는 역학연구도 왕성하게 실시되고 있습니다. 이번에는 그러한 장대한 역학연구 중에서도 어느 한 기간부터 수년 후, 길게는 수십년 후까지를 추적하여 인과관계를 조사하는 전향적 연구(코호트 연구)를 몇 가지 소개하겠습니다.

웨이트 트레이닝과 병의 상관관계에 대해 파고든 연구가 있다는 건가요?

맞습니다. 8만 명을 대상으로 다양한 질환에 기인하는 사망률과 웨이트 트레이닝과의 관계를 조사한 연구가 있습니다 (Stamatakis 외, 2017). 그 결과 주 2회 이상 웨이트 트레이닝을 하는 사람은 그렇지 않은 사람보다 암으로 인한 사망률이 약 30% 낮다는 사실이 밝혀졌습니다. 여기에서 놀랄 만한 사실은 유산소 운동을 단독으로 한 경우에는 암으로 인한 사망률이 저하되지 않았다는 것입니다. 더욱이 암 이외의 병도 포함한 전체적인 사망률에서도 명확한 관련성이 드러났으며, 웨이트 트레이닝을 한 사람들은 젊은 나이에 사망할 확률이 23% 낮았다고 합니다.

우와! 8만 명이라니, 엄청난 규모의 연구네요.
말하자면 달리기만 한 사람보다 웨이트 트레이닝을 한 사람이 암으로 죽을 확률은 낮다는 말이네요.
젊은 나이에 사망할 우려도 줄어들고요.

운동선수나 근육을 만들고 싶은 사람만 웨이트 트레이닝을 하는 시대는 이제 곧 끝납니다. 달리는 행위에도 조깅, 러닝, 전력 질주 등 다양한 강도가 있듯이 모두가 매우 격한 웨이트 트레이닝을 할 필요는 없습니다. 일반인은 일반인의 강도로 운동선수는 운동선수의 강도로, 근육을 만들고 싶은 사람은 근육을 만들고 싶은 사람의 강도로 웨이트 트레이닝을 하면 되지요. 모두가 웨이트 트레이닝을 예방의학과 건강 관리의 일환으로 인식하게 된다면 기쁘겠습니다.

또, 이 연구에서 알 수 있는 사실은 ①자신의 체중을 이용한 웨이트 트레이닝이더라도, 기구를 사용한 것과 같은 효과(사망률 저하)를 기대할 수 있다 ②WHO(세계보건기구)의 지침에 따라 웨이트 트레이닝을 하면 암으로 인한 사망 위험의 저하를 기대할 수 있으나, 유산소 운동에 관한 WHO의 지침을 보면 사망률 저하에는 변동이 없다 ③웨이트 트레이닝과 유산소 운동을 병행하면 더 큰 사망률 저하를 기대할 수 있다는 것입니다.

자신의 체중을 이용한 웨이트 트레이닝은 좋지만 달리기만 해서는 효과가 없다, 웨이트 트레이닝과 달리기를 병행하면 더 좋다는 말이네요! 그런데 WHO의 지침에서는 어느 정도의 시간을 장려하고 있나요?

웨이트 트레이닝에 대해서는 18~64세의 경우 중강도라면 주 150분 이상, 고강도라면 75분 이상을 장려하고 있습니다. 유산소 운동은 1회당 10분 이상으로 중강도의 경우 주 300분 이상, 고강도의 경우 150분 이상 실시할 것을 권하고 있습니다.

가벼운 조깅이나 마라톤이라면 주 300분 이상,
5시간이나 해야 하네요! 꽤 강도가 높은걸요······.
그에 비해 고강도 웨이트 트레이닝의 경우 75분이면
되는군요. 중강도의 유산소와 비교해서도 절반으로
끝낼 수 있겠어요. 역시 바쁜 현대인이 웨이트
트레이닝을 선택하는 이유를 알 것 같아요.

맞습니다. 웨이트 트레이닝은 매우 효율적이랍니다. 세계를 돌
아다니는 매우 바쁜 글로벌 슈퍼 비즈니스 엘리트인 저도 1분
1초가 매우 귀중해서 운동할 시간이 좀처럼 나지 않으니까요.
참고로 글로벌 슈퍼 비즈니스 엘리트인 저의 1주일 동안의 웨
이트 트레이닝 시간은 800분입니다!

결국 가벼운 유산소 운동 권장 시간의
약 3배를 쓰고 계신 거잖아요(웃음).

근력과 사망률의 관계에 대해 한 가지 더 보충하자면, 20~82세
의 남성 약 8,000명을 대상으로 한 연구에서는 근력 수준이 높
은 사람(양팔의 근력은 도구를 사용한 벤치프레스, 양다리의 근력은
레그프레스를 사용하여 측정)은 근력 수준이 낮은 사람보다 사망
률이 20~30% 낮다는 사실을 알 수 있습니다(Ruiz 외, 2008). 이

는 단순하게 웨이트 트레이닝을 해서 근량, 근력이 늘어났고 건강을 위협하는 체지방이 줄어들었다고 예상할 수도 있으며, 식사에 신경 쓰기 시작했거나 신체 활동량이 늘어나는 등 웨이트 트레이닝이 부수적인 역할을 했을 가능성도 있습니다. 아마 방대한 요소가 얽혀 사망률을 떨어뜨리고 있는 것이겠지요.

그 점이 웨이트 트레이닝의 굉장한 부분으로, 웨이트 트레이닝의 효과를 최대화하려면 자연스럽게 생활 리듬이 안정됩니다. 충분한 영양 보충과 수면은 근육의 성장에는 필수적이기 때문입니다. 아시다시피, 영양과 수면은 호르몬 분비와 자율신경의 조절, 면역력을 높이는 등 인간이 건강하게 사는 데 필요한 수많은 중요한 요소와 관련이 있습니다. '근육을 만들고 싶다!'라는 욕구에 따라 생활하다 보니, 가장 건강한 생활 습관이 생기는 것이죠. 생활 습관의 교정까지 가져오는 취미, 웨이트 트레이닝 이외에 또 있나요? 웨이트 트레이닝은 정말 최고입니다.

사망률에 대한 여러 조사에는 키와 체중의 관계에서 산출한 BMIBody Mass Index에 관한 연구도 다수 있습니다. BMI는 비만도를 측정하기 위한 것인데 체지방률을 고려하지 않기 때문에 웨이트 트레이닝 세계에서는 평판이 좋지 않습니다. 체지방률이 5%밖에 되지 않아도 체중이 무거우면 BMI 상에서는 비만이기 때문입니다. 다만 그렇다고 BMI를 아예 무시할 수는 없는데, 동아시아 국가를 대상으로 한 46개의 연구를 모아 〈Lancet〉지에 게재한 논문의 도표를 해석하면, BMI 수치가 5 올라갈 때마다 사망률이 약 10% 상승한다는 사실을 알 수 있습니다.

저는 BMI에는 반대합니다. 개인적인 이유가 아니라 확고한 이유가 있습니다. 들어 보세요. 5~6년 전일까요. 회사에서 실시한 건강검진에서 BMI 수치가 '비만'이라고 나왔습니다. '비만이므로 생활 습관에 주의하세요'라고 의사 선생님이 말했죠. 의사 선생님이 제 스타일이어서 멋을 부리고 싶었던 나머지, "비만 아닙니다! 근육이에요! 거짓말 아닙니다!"라고 나도 모르게 완강하게 말했더니 선생님이 쓸쓸하게 웃으며 차가운 시선으로 쳐다보더군요. 완전히 이상한 사람을 보는 눈빛이었습니다. 그 사건이 없었다면 그날 밤 저는 선생님과 저녁을 먹으러 갔을 것입니다. 틀림없어요. BMI는 용서 못 합니다.

100% 개인적인 이유잖아요(웃음). 그 일이 없었다면 저녁을 먹으러 갔을 것이라는 과학적인 증거도 없고요.

시끄러워요! 사랑은 과학으로 측정할 수 없는 거라고요!

……(웃음). 이야기가 산으로 갔는데 다시 본론으로 들어가겠습니다. BMI 논쟁은 접어 두더라도, 죽고 싶지 않다면 웨이트 트레이닝을 해야 한다고도 말할 수 있겠네요! 덧붙여, 사망까지 가는 심각한 질환 이외에도 웨이트 트레이닝이 효과가 있을까요?

〈Biomed Research International〉에 게재된 총설에서는 웨이트 트레이닝이 글루코스 수송체인 GLUT4에 의한 당의 흡착을 증가시킴에 따라, 2형 당뇨병(당뇨병 전체의 90% 이상을 차지하며, 주로 생활 습관의 불균형이 계기가 되어 발생하는 당뇨병)을 예방할 가능성이 있음을 시사하고 있습니다(Strasser 외, 2013). 또 〈Diabetes Care〉에 게재된 총설에 의하면 웨이트 트레이닝은 근감소증 등을 예방하고 혈당 조절과 인슐린 감수성을 개선하므로, 2형 당뇨병 환자에게도 장려할 수 있다고 합니다(Eves 외, 2006).

당뇨병은 합병증 위험이 있어서 무섭죠……. 장래의 건강 위험을 줄이기 위해 제대로 된 식사를 하고 규칙적인 생활을 해야 하지만 실천하기가 좀처럼 어려워요. 하지만 근육을 위해서라고 생각하면 할 수 있을 것 같아요!

한 가지 유의할 점도 있습니다. 앞서 말한 Eves 외의 총설에도 '대부분의 선행 연구가 전문가의 감독 하에 실시된 점, 웨이트 트레이닝에는 전문 기구와 운동의 지식이 어느 정도 필요하다는 점'을 지적하고 있습니다. 즉 웨이트 트레이닝의 혜택을 충분히 받기 위해서는 올바른 지식과 환경이 필요하다는 점을 시사하고 있는 것이지요. 지식을 넓히고 그러한 환경을 만들어 가는 것도 우리가 해야 할 일 중 하나일지도 모르겠습니다.

전 인류가 올바른 웨이트 트레이닝의 지식을 습득하고 손쉽게 웨이트 트레이닝을 시작할 수 있는 환경을 정립하는 일은 제 인생의 궁극적인 목표입니다. 매우 저렴한 가격으로 접근성이 좋은 웨이트 트레이닝 인프라를 가까운 미래에 꼭 만들어 보이겠습니다. 정부와 예하 스포츠 관련 부서 여러분, 함께 합시다. 언제든지 협력하겠습니다.

 끝으로, 근력과 사망률, 생활습관병의 관계를 조사한 연구의 대부분은 간단하게 조사할 수 있는 악력을 '근력'이라고 정의하고 있습니다. 참고로 악력은 전신의 근력과도 상관이 있다고 많은 연구에서 밝혀졌으므로 악수를 하면 그 사람의 근력을 어느 정도 알 수 있을지도 모르겠네요.

Testosterone 씨 악수 부탁해요!

 나의 근력을 악력 따위로 판단하지 마세요! 더 전체를 보라고요! 우선 햄스트링부터!

아, 진짜 피곤하다…….

우울증으로 움직일 수 없던 나를 바꾼
웨이트 트레이닝과의 만남

사진기자
오카 에리 씨의 이야기

출판사에서 17년 동안 살인 사건 등을 다루는
사건 기자로 활동했는데 여러 가지 일로 인해

양극성정동장애

판정을 받았어요

기자라는 직업은
취재 대상에게
공감하면서
이야기를 듣고

기사를 쓸 때는
상대방이 원하지
않던 부분까지
써야 할 때가 많아요

으ㅡ음

제가 기자가 되고
1년이 지났을 무렵

계속해서 밤거리를
배회하던 한 여중생이

158

만남 앱을 통해 알게 된 남자에게 살해당하는 사건이 있었는데

사회는 애초부터

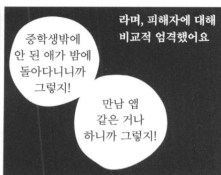

라며, 피해자에 대해 비교적 엄격했어요

중학생밖에 안 된 애가 밤에 돌아다니니까 그렇지!

만남 앱 같은 거나 하니까 그렇지!

저는 유족과 만나 취재를 거듭하던 중에

당시 초등학생이었던 피해자의 여동생에게서

아빠가 언니를…

⁉

피해자가 아버지로부터 일상적으로 성적 학대를 당하고 있었다는 증언을 얻었고

역시 집에 들어오고 싶지 않은 명확한 이유가 있었어!!

그 증언은 당시 어느 언론사도 얻지 못한 특종이었기 때문에 기사를 쓰면 유족에게 피해가 될 것이라는 걸 물론 알고 있었지만

이대로 가다간 이번에는 여동생이 당할지도 모른다는 우려에 아동상담소에도 찾아가며 고민했고, 그 우여곡절을 전부 쓰자는 결론을 내렸어요

그 기사는 잡지 부문에서 올해의 상을 받았는데 얼마 뒤 유족에게서

역시 그 얘기는 기사로 내보내면 안 됐어요!!

너무 미워요!!

라는 원망 섞인 전화가 왔고…

기사를 쓰는 일이 죄책감과 뗄 수 없음을 알게 된 상징적인 사건이었습니다

취재 대상을 아무리 해도 '자원'으로만 보게 돼…

기자 일을 계속하던 중에 제 마음속에 조용히, 하지만 분명하게 쌓여가던 죄의식은

뭐?! 너 뭐야?!

분노의 형태로 모습을 드러내기 시작했습니다

160

뭐야!!

한 파티에서 알게 된 여성과 싸움이 났는데 그 사람과 우연히 입고 있던 드레스가 겹치는 바람에…

너랑 똑같은 옷 입을 거 같냐!!

울컹

잠…잠깐, 그만해!!

입 다물어 이 멍청아!!

그러다 보니 사소한 일에도 병적으로 화가 났어요

그렇게 시간을 보내던 중

몸이 안 움직여…

출근해야 하는데 옷을 입는 데까지 8시간이나 걸렸고

일주일을 누워만 지내며 무단결근을 하다가 회사에 전화를 하니

일단은 근처 병원에 잠옷 차림으로라도 가.

전화를 받은 사람이 우연히도 양극성정동장애 경험이 있었고 저는 그 조언을 따르기로 했습니다.

지금 회사에 전화해서 3개월 동안 쉬겠다고 하세요

네…

그렇구나 나 양극성 정동장애구나…

그렇게 병원에서 받은 약을 먹으니

분노의 감정은 어느 정도 진정이 됐지만 행복감이나 긍정적인 감정도 사라졌고

무엇을 봐도 마음이 동하지 않아서 가장 좋아하는 사진조차 찍을 마음이 생기지 않았어요

어떻게 될지 모른다는 공포로 약을 끊지도 못하고 아무것도 하지 않는 상태가 줄곧 이어졌는데…

…

우와-

방 진짜 더럽네

10초만 치워 볼까…

어라…
속이 좀 시원하다…

왠지   행복해…

일단 청소에 빠져서 조금씩
무언가 해 보자는 마음이 생겼고
걷거나 핫 요가 스튜디오에 가면서
몸을 움직여 '상쾌한 기분'을
느낄 수 있는 방법을 여러 가지
시험해 보았습니다

친구가 추천해 준 Testosterone 님의 책에서 '일단 웨이트 트레이닝을
해 보는 사람이 이긴다'라는 문구에 자극을 받아

일단 복근 롤러와
스쿼트부터 시작했더니

우와!!

웨이트 트레이닝을 계속하기 위해서
저는 처의 블로그 제목을

'웨이트 트레이닝을 하라,
우울증이 나을 테니까'

라고 바꿨습니다

매일 보는 블로그에
'웨이트 트레이닝을 하라'
라고 해 두면
웨이트 트레이닝을
언제나 의식할 수
있으니까요
그런데…

좋았어!
해 볼까

체력도 돌아왔고
체지방률도 줄어
기분이 좋아졌어!!

블로그 구독자와 주변에
웨이트 트레이닝을
시작하는 사람이
늘어나면서

'멘탈이 강해졌습니다!'라는 댓글도 많아졌고
근육 세계에 친구들이 생겼습니다 (웃음)

사고방식도
바뀌었습니다

역시 너랑은
안 맞아

164

예전이라면 기분 나쁘게 하는 사람과 만나도 '내가 지루하게 만들었나…' 하고 자책했을 텐데…

그래? 그럼 난 이만 갈게

이제 그런 건 그만두었습니다

'자책하지 않는다'라는 생각을 유지하기 위해서는 역시 체력이 필요하므로

앞으로도 웨이트 트레이닝은 계속하려고 해요!

어?

사진 좀 찍을게-

찰칵

후훗 콧물 나는 것 좀 봐

제7장

웨이트 트레이닝에 관한
오해와 편견을 해소하다

웨이트 트레이닝 덕후의
심기를 건드리는 5가지 주제

**웨이트 트레이닝 덕후 앞에서 결코 꺼내서는
안 되는 주제**

①사용할 수 있는/사용할 수 없는 근육

②웨이트 트레이닝으로 만든 근육은 좋지 않다

③코어 트레이닝

④이너 머슬

⑤유명 아이돌 ○○는 상남자

이런 주제가 나오면 불이 붙어 2시간 정도
꼼짝없이 일방적인 강연을 듣게 되므로 함부로
입에 담지 말 것…….

스쿼트 모욕죄로 기소되는 금기어

스쿼트를 하면 다리가 굵어져서 싫다는 말.
스쿼트의 사회적 이미지를 현저히 떨어뜨린 결과,
멸종위기인 멋진 엉덩이 감소로 이어지므로
법률에 따라 금한다. 발견 즉시 극형에 처한다.

사용할 수 있는 근육,
사용할 수 없는 근육론의 어리석음

사용 가능한 근육, 사용 불가능한 근육의 이야기는 지겹다. 사용 불가능한 근육 같은 것은 존재하지 않는다. 3대 운동으로 기초를 다지고 퀵 리프트로 출력을 높여, 운동선수의 경기에 맞춰 반복 연습하고 기민함을 높인다면 즉각적으로 경기력이 올라가리라 단언한다. 그보다, 나쁜 것은 근육도 없고 사용법도 모르는 당신이다. 사과하라.

'탱크톱을 입고 근육 자랑하지 마라'라고
생각할지도 모르나 자랑이 아니라 웨이트 트레이닝
중에 자신의 근육을 관찰하며 미소를 짓기 위해
입는 경우가 대부분이다. "당신들 보라고 입은
거 아니거든요"라고 말하고 싶은 심정이다.
앞으로는 따뜻한 시선으로 지켜봐 달라.

프로틴이 국민 간식이어야 하는 7가지 이유

프로틴은 근육질의 사람만 먹는다는 이미지는 잘못되었다. 프로틴은 ①간편하다 ②저렴하다 ③배가 든든하다 ④미용에 좋다 ⑤살이 쉽게 찌지 않는다 ⑥장시간 보존이 가능하다 ⑦맛있다 등, 국민 간식이 아닌 것이 이상할 정도의 능력을 지니고 있다. 평소 식생활에서 의식적으로 단백질을 섭취하지 않는 일반인이야말로 프로틴을 적극적으로 섭취할 것.

방해가 될 정도의 근육을 만들기는 매우 어렵다

체지방이든 근육이든 좋으니까 마구마구 증량하라는 말이 아니다. 운동선수라면 '제지방 체중을 늘린다'라는 점에만 집중한 경기인 보디빌딩에서 배울 점이 많다. 경기 연습과 동시에 웨이트 트레이닝을 한다고 해서 방해가 될 정도의 근육이 생길 일은 거의 없으므로 안심하고 웨이트 트레이닝을 하라.

Q 웨이트 트레이닝으로 운동선수의 퍼포먼스가
좋아지나요?

웨이트 트레이닝은
유연성을 높이고
부상을 예방합니다.

웨이트 트레이닝에는 여러 종류의 뿌리 깊은 편견이 존재합니다. 예를 들면 유연성이 떨어진다, 경기에는 도움이 되지 않는다, 쉽게 다친다, 운동을 멈추면 살찐다 등이 있지요.

제가 이 책을 통해 가장 전하고 싶었던 주제가 드디어 나왔네요. 이 일을 수락한 이유는 웨이트 트레이닝에 대한 나쁜 이미지와 편견, 특히 제 전문인 '웨이트 트레이닝이 운동선수에게 미치는 영향'에 대한 오해를 풀기 위해서였다고 해도 과언이 아닙니다.

네? 구보 박사님이 이 일을 수락한 이유는 나를 좋아해서가 아니었습니까? 'Testosterone 씨를 위해서라면 뭐든지 할게요! 좋아합니다!' 같은 느낌 아니었나요?

아니요, 절대 아닙니다. 이 장은 진지하게 이야기할 테니 방해하지 말아 주세요.

네……(쭈글)

그럼 시작하겠습니다. 현재 정상에 있는 운동선수 사이에서 웨이트 트레이닝은 일찍이 상식이 되었고, 오히려 웨이트 트레이닝을 전혀 하지 않는 운동선수를 찾는 쪽이 어려울 것입니다. 그러나 옛날 방식을 고수하는 운동부 지도자 등을 중심으로

'웨이트 트레이닝은 부자연스러운 운동이며 운동 효율에 나쁜 영향을 미친다.'라고 생각하는 사람이 아직도 많은 것이 현실입니다. 그중에서도 유연성이 떨어진다, 선수가 다치는 경우가 많다는 등 '웨이트 트레이닝의 미신'에 대해서는 명확하게 부정된 사실이 많습니다.

그러고 보니 학창 시절의 동아리 고문에게 "웨이트 트레이닝보다 경기 연습을 하라, 러닝을 충분히 해서 허리와 다리를 강하게 만들어라"라는 말을 듣고 그대로 웨이트 트레이닝 알레르기를 갖게 된 사람도 많은 것 같아요.

스포츠 대국 미국에서 운동선수와 웨이트 트레이닝은 떼려야 뗄 수 없는 관계에 있습니다. 웨이트 트레이닝을 수업 과목으로 선택할 수 있는 학교도 많고, 일반 학생의 대부분이 웨이트 트레이닝을 하고 있어서 운동선수가 웨이트 트레이닝을 하는 일은 지극히 당연하다는 풍조까지 만들어져 있지요. 미국의 학생 스포츠는 시즌제로 운영되는데 시즌 오프 때는 피지컬 강화를 위해 경기 연습보다 웨이트 트레이닝에 집중하는 사람도 많을 정도입니다. 특히 체중과 순발력이 결과를 말하는 미식축구같은 종목에서 말이죠. 저도 고등학생 시절에는 미식축구를 했는데 코치가 "다음 시즌까지 체중 15kg을 늘려라. 벤치는 ○○○

kg, 스쿼트는 ○○○kg, 데드리프트는 ○○○kg, 파워클린은 ○○○kg, 전부 클리어하고 와라!"라며 체중과 웨이트 트레이닝의 중량을 지표로 시즌 오프 중의 과제를 던져 주었지요.

> 스포츠 경기에서 해외 선수와의 피지컬 차이가
> 눈에 띄게 보이는 경우가 많은 이유에는 그런 부분도
> 작용했을지 모르겠네요……. 그럼 안심하고
> 웨이트 트레이닝을 시작하기 위해서라도 거리에 떠도는
> 웨이트 트레이닝 미신에 대해 가르쳐 주세요!

 그럼 하나씩 설명하도록 하겠습니다!

미신1 웨이트 트레이닝을 하면 몸이 굳어진다?→거짓

 한 연구에 따르면 일정 기간 이상(5주 이상) 웨이트 트레이닝을 지속한 결과, 웨이트 트레이닝에는 스트레칭과 동등하거나 그 이상의 유연성(무릎관절, 고관절, 어깨관절)을 얻는 효과가 있다고 합니다(Morton 외, 2011). 이는 웨이트 트레이닝으로 근육 자체의 구조가 변화한 것이 아니라 스트레치 톨레랑스stretch tolerance라고 불리는 통증의 역치閾値가 변화한 것이 요인이라

고 생각됩니다.

> **토, 통증의 역치요? 어려워요……**

tolerance는 '인내, 내구력'이라는 의미이므로, 근육을 늘렸을 때 통증에 견딜 수 있다, 즉 익숙해진다는 느낌이라고 말할 수 있 겠지요. 예를 들면 다리를 벌리는 스트레칭을 습관적으로 한 결과, 처음에는 아파서 전혀 벌어지지 않던 다리가 익숙해지면 서 점점 벌어지게 되는 것과 같습니다. 스트레칭이 아니라 웨이 트 트레이닝을 한 경우에도 마찬가지의 메커니즘으로 효과를 볼 수 있다는 것이지요. 그러므로 웨이트 트레이닝을 한다고 해 서 장기적으로 보아 몸이 굳어질 우려는 없고, 오히려 긍정적인 효과가 있다는 사실을 기억해 두세요.

웨이트 트레이닝을 하면 유연성이 떨어진다는 것은 완전한 착 각이며 오히려 가동역이 넓어집니다. 많은 저명한 보디빌더가 퍼포먼스를 할 때 180도 다리 찢기를 보여 주는 것만 봐도 근 육과 유연성의 양립이 가능하다는 것을 알 수 있지요. 훈련을 받는 사람의 세계에서는 기본적인 상식이지만 일반 사람들의 오해를 아직 없애지 못한 것이 현실입니다.

> 운동 후 근육통이 생기면 통증으로 가동역이
> 좁아지므로 몸이 굳어졌다고 오해하는 부분도
> 있을 것 같아요. 가동역이 좁아진다는 말은 다치기
> 쉽다는 의미이므로, 웨이트 트레이닝을 하면
> 부상을 당하기 쉽다는 오해가 생기는 것 같아요.

지금까지는 스트레칭이 부상을 예방하기 위한 가장 좋은 지름 길이라고 여겨졌습니다. 그러나 최근 들어 스트레칭에는 부상을 예방하는 효과는 별로 없고, 웨이트 트레이닝이야말로 부상을 예방하는 도구라는 사실이 밝혀졌습니다. 한 총설에 따르면, 운동 전후의 스트레칭은 극적으로 부상의 발병률을 낮추지는 않는다고 합니다(Hart 외, 2005 및 Thacker 외, 2004). 웨이트 트레이닝을 하면 유연성도 떨어지고 부상도 늘어난다는 오해와는 정반대로, 오히려 웨이트 트레이닝을 함으로써 유연성도 향상 되고 부상도 예방할 수 있는 것입니다. 다만 스트레칭에는 긴장 완화와 피로 회복 등의 다양한 효과가 있으므로 운동 중 적당하게 넣으면 좋다고 생각합니다.

> **이건 충격이네요! '다치지 않기 위해 제대로 스트레칭을 해야 한다'라는 말을 자주 들었던 기억이 있는데…….**

반대로 근력 부족이나 불균형이 부상을 초래한다는 사실도 알려졌습니다. 축구선수를 대상으로 한 연구 결과에 따르면, 허벅지 뒤쪽인 햄스트링의 근력(바벨을 사용한 단순 근력 측정이 아니라 전문 기기를 사용한 토르크 계산에 따라 산출)이 허벅지 전면 넙다리 네갈래근 근력의 50.5%를 밑돌면, 햄스트링 부상이 발생하기 쉽다고 합니다(Lee 외, 2017). 이 경우 햄스트링와 넙다리 네갈래근의 근력 균형을 안정시키는 웨이트 트레이닝이 부상을 예방한다고 할 수 있겠지요. 참고로 넙다리 네갈래근의 근력 1에 대해 햄스트링 0.6~0.7 정도가 가장 좋습니다.

이는 반드시 운동선수에 한정된 이야기는 아닙니다. 스포츠를 하는 사람이 아니더라도 웨이트 트레이닝으로 근육을 만듦으로써 부상 위험을 줄일 수 있습니다. 평범한 사람이라면 부상을 입을 법한 상황에서도 근력만 있으면 극복할지도 모릅니다.

미신3 웨이트 트레이닝을 하면 민첩함이 없어진다?→거짓

> 울룩불룩한 근육질이 되면 동작이 둔해진다거나
> 민첩성이 떨어진다는 말을 듣기도 해요.

근육의 양과 출력은 기본적으로 정의 관계에 있습니다. 즉, 원칙적으로는 근육을 만들수록 출력은 올라가지요. 물론 각 스포츠에 적합한 체중과 체지방률, 보디 밸런스가 있으므로 근육이 많을수록 무조건 좋다는 의미는 아니지만, 민첩성이 떨어진다는 것은 오해입니다. 적절한 웨이트 트레이닝과 근육량은 민첩함을 높입니다. 육상 100m 선수를 마라톤 선수와 비교해 보면 상대적으로 근골이 우람하다는 사실을 알 수 있을 것입니다. 근육이 없는 편이 속도가 빠르다면 그런 몸을 만들지 않겠죠.

> 그러고 보니 전성기 때 밥 샙의 움직임은
> 굉장했고, 또 스모선수들의 경기를 현장에서
> 보면 그 속도에 깜짝 놀라니까요.

근육이 붙으면 그만큼 체중이 증가하기 때문에 마라톤이나 크로스컨트리 등 장거리를 달리는 경기의 선수에게 필요 이상의

체중 증가는 경기력 저하로 이어지는 경우가 있습니다. 하지만 웨이트 트레이닝에 의한 체중 증가는 유산소 운동과 웨이트 트레이닝을 병행함으로써 억제할 수 있다는 사실이 밝혀졌습니다. 이 현상은 간섭 효과interference effect라고 불리며 그 메커니즘의 복잡함 때문에 업계 내에서도 큰 주목을 받고 있습니다.

근비대에는 칼로리 조절과 트레이닝의 질(신경계를 단련하는가, 근비대가 목표인가 등)도 관계가 있으며, 웨이트 트레이닝을 하면 무조건 근육이 붙어 체중이 늘어난다는 것은 아닙니다. 이 부분은 독학만으로는 어려우므로 전문가에게 도움을 받기를 추천합니다. 아직까지는 전문 지도자들이 합당한 평가와 급여를 받고 있지 않다고 생각하므로, 어떻게든 변화시키고자 합니다. 구보 박사님, 열심히 해서 본보기가 되어 주십시오. 국내 프로스포츠는 피지컬 강화로 더욱더 강해질 수 있을 것입니다.

미신4) 웨이트 트레이닝으로 만든 근육은 쓸모없다?→목적을 무시한다면 경기력 향상을 방해할 수도 있다

'달리기가 진리다'라고 말하는 야구계나 '웨이트 트레이닝의 움직임은 부자연스러우므로 웨이트 트레이닝으로 만든 근육은 경기에서는 사용할 수 없다'라고 말하는 지도자가 실제로 많습니다. 물론 경기에 따라 다르지만 3대 운동과 퀵 리프트는 피지컬 향상을 위한 가장 효율적인 방법이고 피지컬이 결과를 말하는 스포츠에서는 빼놓을 수 없다고 생각하지만 아직까지 보급률이 높다고는 할 수 없습니다. '내가 지도할 수 없다', '내가 모르는 영역이라 웨이트 트레이닝은 필요 없다'라고 말하는 지도자도 많은 듯합니다. 안타깝습니다.

실은 종목에 따라 근육의 질이 다르다는 조사가 있습니다. 한 연구에 따르면 보디빌더의 근섬유 부근의 힘 발휘, 능력 발휘는 힘을 쓰는 다른 종목의 운동선수에 비해 유의미하게 작다고 합니다(Meijer 외, 2015). 게다가 무리하게 힘을 쓰는 트레이닝(최대일 때의 40%까지 속도가 저하)을 하면 근육의 타입이 순발형瞬發型에서 지구형持久型으로 변화(타입 2x에서 2a에 대한 변화: 이른바 속근速筋에서 지근遲筋으로 변화하는 것이 아니라 속근 중에서도 지근에 가까운 속근이 된다)할 가능성이 있다는 사실이 밝혀졌습니다(Pareja-Blanco 외, 2017). 그러므로 순간적으로 힘을 쓰는 경기를 하는 사람은 무턱대고 총력을 다하는 것보다는 목적에 맞춰 트레이닝의 양식을 변화시키는 것이 좋습니다.

보디빌딩에서는 근력보다 '얼마나 가벼운 중량으로 관절과 몸에 부담을 주지 않고 대상 근육에 자극을 주어 비대해지는가'가 중요하기도 합니다. 고중량을 다루는 것도 좋지만 근비대의 가장 큰 적은 역시 부상과 과로이므로, 가벼운 중량으로 비대해질 수 있다면 그만큼 좋은 것은 없지요. 이러한 명확한 목적을 갖고 트레이닝을 하는 보디빌더에 대해 '쓸모있는 근육, 쓸모없는 근육'이라고 말하는 것은 어불성설입니다.

웨이트 트레이닝을 하면 감기에 걸리기 쉽다?→진실

웨이트 트레이닝을 격하게 하는 사람은
감기에 걸리기 쉽다는 이야기도 있어요.

놀랍게도 격한 운동을 하는 사람은 감기 등에 걸릴 위험이 일
시적(수일간)으로 통상 2~6배가 된다는 데이터가 있습니다. 이
는 '오픈윈도설open window theory'이라고 불리며 면역력이라는
관점에서 본 경우 격한 운동이 권장되지 않는 이유 중 하나입
니다(185쪽 그래프 참고). 그러므로 중요한 시험이나 행사가 가
까워지면 지나친 웨이트 트레이닝이나 운동을 잠시 중단하고
딱 적당한 강도의 웨이트 트레이닝이나 운동으로 전환하는 것
도 한 방법입니다.

격한 운동을 하면 면역력이 떨어져 마치 집의 창문을
열어 둔 듯한 상태가 되어 바이러스 등이 들어오기
쉬워진다는 말이군요!

이 원고를 쓸 때 구보 박사님이 컨디션이 안 좋아서 2~3일 누워
만 있었지요(웃음).

격한 운동 후에 생기는 일과성 면역 억제 상태

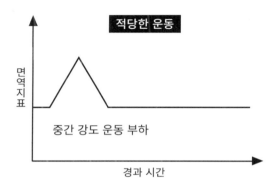

적당한 운동

면역지표

중간 강도 운동 부하

경과 시간

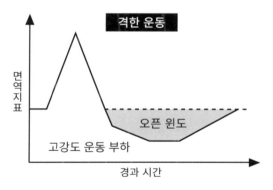

격한 운동

면역지표

오픈 윈도

고강도 운동 부하

경과 시간

(Pedersen 외, 1999을 바탕으로 재구성)

프로틴은 살찐다?→거짓

> 프로틴을 마시면 살찐다, 웨이트 트레이닝을
> 그만두면 살찐다는 속설은 어떤가요?

이 말도 흔히 알려져 있는데, 어떤 일도 과하면 몸에 좋지 않으므로 프로틴도 지나치게 섭취하면 살이 찌겠지요. 다만 프로틴은 단백질을 영어로 바꾼 말로 우유나 대두, 소고기 등 다양한 재료를 정제하여 분말 형태로 만든 것입니다. 거기에 다양한 비타민과 감미료를 더해 완성한 것이 이른바 프로틴 파우더이므로 특별한 식품은 아닙니다. 프로틴은 탄수화물과 지질을 거의 포함하고 있지 않아, 쓸데없는 칼로리를 섭취하지 않고 단백질을 손쉽게 보충하고자 하는 사람에게는 강력한 아군이지요. 참고로 프로틴 섭취로 신장에 이상이 생긴다는 말도 근거가 없으므로 주의합시다.

웨이트 트레이닝을 그만두면 근육이 지방으로 바뀌어 살이 찐다는 속설도 있는데 그럴 리는 없습니다. 근육은 지방으로 바뀌지 않습니다. 다이어트 관리 숍 등에서 "우선은 체지방을 줄이고 나서 근육을 만들지 않으면 근육과 체지방이 겹치고 겹친 상태로 포개져 예쁜 몸매가 되지 않으니까 우선은 체지방을 뺍시다"처럼 말도 안 되는 설이 돌고 있는 듯한데, 완전히 거짓이므로 그런 말을 하는 가게를 만나면 슬쩍 발을 뺍시다.

아주 어릴 때부터 근육을 만들면 키가 크지 않는다는
말도 들은 적이 있어요. 그러고 보니 정상급 보디빌더와
파워리프팅 선수는 비교적 키가 작은 사람이 많은 것
같기도 해요.

지금 제가 알고 있는 지식으로 말하자면, 어린 나이의 웨이트
트레이닝이 키 성장을 방해한다는 논문을 본 적은 없습니다. 그
러나 키가 작은 사람은 콤플렉스 때문인지(저를 포함해서) 웨이
트 트레이닝에 빠지는 경향이 있는 듯합니다. 또 웨이트 리프
팅 등의 경기에서는 그 경기의 특성 때문에 몸집이 작은 선수가
유리할 때가 있으므로, 그런 점에서 웨이트 트레이닝을 하면 키
가 크지 않는다는 속설이 생긴 것은 아닌가 생각합니다.

웨이트 트레이닝에 대한 오해와 편견 중에는
꽤 뿌리 깊은 것들이 있었는데요, 의문점이
아주 많이 해소된 것 같아요.

이 분야를 연구하는 사람으로서 말하자면, 일괄적으로 '이 웨이트 트레이닝을 하면 여기에 효과가 있고 이것을 하면 된다'라고 단언할 수는 없습니다. 그 이유는 무엇이 맞는지 아직 밝혀지지 않아, 이제야 비로소 전 세계에서 연구가 진행되고 있기 때문이지요. 그러므로 웨이트 트레이닝에 돌입하기 전에 퍼포먼스 향상을 위해서 명심했으면 하는 점을 트레이너의 입장에서 말씀드리고 싶습니다.

① 전체 가동역에서

극단적으로 얕은 자세로 트레이닝을 하는 사람을 많이 봅니다. 마음은 알겠지만 트레이닝으로만 줄 수 있는 자극도 있으므로 전체 가동역을 사용하여 제대로 근육에 자극을 줍시다. 스쿼트를 할 때는 충분히 앉고 벤치프레스를 할 때는 제대로 가슴까지 내리려고 의식하세요. 스쿼트를 전체 가동역에서 하면 그렇지 않은 경우보다 다리 전체의 근육이 균형 있게 근비대를 일으킨다는 사실도 연구를 통해 알 수 있습니다.

② 무리하지 않는 자세로

올바른 자세로 하라고는 하지 않습니다. 무엇이 '올바른' 것인가도 알 수 없고 목적에 따라서도 다르기 때문입니다. 그러나 자신의 능력에 따라 무리하지 않는 자세로 하는 것은 누구나 가능합니다. 초보자든 상급자든 무리하지 않는 중량, 자세로 하는 것이 퍼포먼스 향상으로 가는 지름길입니다. 특히 허세 부리지 않도록 주의하세요!

③속도를 의식한다

앞서 소개한 연구에서도 언급했지만, 무리하게 접근하면 근조
직이 변화할 가능성이 있고 피곤한 상태로 스쿼트를 하면 복부
에 부담이 간다는 사실도 밝혀졌습니다(Pareja-Blanco 외, 2017).
무리한 중량으로 실시하는 트레이닝은 시대에 뒤떨어지고 있
습니다. 최근에는 속도를 중시한 트레이닝Velocity Based Training
이 대두되고 있으며 무리하게 달려드는 경우와 속도에 여유를
갖고 끝나는 경우를 비교했을 때, 여유를 갖고 끝난 쪽이 근력
증가가 크다는 사실도 밝혀졌습니다. 그러므로 속도를 의식하
면 10회 할 수 있는 무게를 6~8회로 끝내도 충분한 효과를 얻
을 수 있습니다. 'No Pain, No gain' 시대는 이제 끝났을지도 모
릅니다.

 웨이트 트레이닝을 막 시작했을 때 들었으면 좋았을 조언이네
요(진심).

항상 나약했던 투수를 다시 태어나게 만든 것

야구선수
구보타 게이스케 씨의 이야기

후쿠시마 요크 가이세이잔 스타디움
후쿠시마 홉스×무사시 히트 베어즈

2017년 9월 10일 당일

야쿠르트와 메이저리그에서도 활약한
후쿠시마 홉스의
이와무라 아키노리 선수 은퇴를
구단 창설 이래 최다 관객이
지켜보는 가운데

또 한 사람
마운드를 떠나는
선수가 있었다

구보타 게이스케

이 만화의 주인공이다

야구는 초등학교 4학년 때부터 시작했는데
항상 정규 선수였던 것은 아니었고
정말 어느 중고등학교에나 있을 법한 평범한 투수였습니다
대학에서도 겨우 3번 투수에 그쳤죠…

어쨌든 뛰어난 실력도 아니라
센스 있는 사람에게 앞을 내주고는

네!

부탁한다!

자주 분한 마음만 들었습니다

젠장!!

왜 이렇게 노력하는데도
정규 선수가 되지 못 하는 걸까…

이제 야구 그만둬야 하나…

불끈

마음 깊숙한 곳에서
부정적인 생각만 들어

193

아침에 눈을 뜨면

왜 사는 거지…

라고 항상 생각했습니다

시합에 나간다고 해도
상대방이 공을 치면

틀렸어…
끝났어…

이미 심적으로 패배했죠

그때 구속을 높일 목적으로

웨이트 트레이닝을 시작했습니다

체중도 10kg 늘어 구속도 빨라졌지만 그보다

마운드 위에서의 성격이

180도 변했습니다!

설령 상대방이
공을 쳤다고 해도

여유 있게 주변을 둘러보며

이 안에
나말고

데드리프트 200kg
들 수 있는 사람은 없겠지?

하고 생각하니
조금이나마
흔들리지 않게 되었습니다

웨이트 트레이닝의
진정한 즐거움은
수치화입니다
수치가 자신감으로
이어지는 것입니다

저는
자신감을 손에
넣었습니다

예전에는 상대방이
싸우려 들면
죄송하다는 마음이
먼저였지만

힘 있는 투구로 변했습니다,
내각으로 던질 수 있게 되었습니다

이제는 뭐야? 하고 좋은 쪽으로
상대방을 신경쓰지 않게 되어

대학 졸업 후 사회인
야구팀에 소속되어
타선의 뒷받침 덕분에
일본 선수권 대회의
최종 예선에서
MVP도 받았습니다

그 후 미국 독립 리그에 도전해
보지 않겠냐는 이야기가 나와서
주변에 상담했더니

바보냐!

속고 있는
거라니까!

어이가
없어서
할 말이
없다

예전의 저였다면 거기에서 주변
말에 휩쓸려 포기했을 테지만

이상하게도 어떻게든 되지
않을까 하는 마음이 들었어요

사회인 야구팀을 그만두고
미국으로 갔습니다

결국 목표는 달성하지 못했지만
그때의 결단에
전혀 후회는 없습니다

까-앙

그 후 연이 닿아 무사시 히트 베어즈에 입단했는데
좀처럼 결과를 내지 못했고…

와아아아아아

이와무라-!!

이와무라
고마워요

이와무라
-!!

그 시합을
끝으로
마운드를
떠날 결심을
했습니다

KUBOTA
39

198

끝까지 해냈다…

서툴고 평범했던 내가 이런 생각을 하게 만든 것은
웨이트 트레이닝이었습니다…

꽈악

그리고 현재
제2의 인생이 열렸는데

웨이트 트레이닝에서 얻은 것은 반드시

좋았어!!

다음 마운드에서도
활용할 수 있다고 생각합니다

제8장

자신감이 없는 사람은
웨이트 트레이닝을 하라

웨이트 트레이닝으로 자신감이 생기는 5가지 이유

자신감이 없는 사람은 웨이트 트레이닝을 하라.

① 멋있는 몸을 얻는다
② 다른 사람들에게 호감을 준다
③ 테스토스테론이라는 호르몬이 넘쳐나 기분이
   좋아진다
④ 상사도 거래처도 여차하면 힘으로 상대할 수
   있다고 생각했을 때 얻게 되는 신비의 전능한 힘
⑤ 애인에게 배신을 당해도 바벨이 있다는 안도감

이러한 이유로 자신감이 생긴다.

웨이트 트레이닝이 가르쳐 준
간단명료한 진리

웨이트 트레이닝은 '사람은 변할 수 있다'라는
간단하고 중요한 원리를 가르쳐 준다. 새로운
자극을 주면 사람은 계속해서 성장한다. 몸을
물리적으로 진화시키는 일도 가능하므로,
성격이나 기타 능력 또한 노력에 따라 반드시 바뀔
수 있다. 바뀌지 않는 사람은 존재하지 않는다.
현실이 어둡다고 미래도 그럴 것이라 미리 낙담할
이유는 없다.

멘탈이 약한 원인은 피지컬

"어떻게 하면 멘탈이 강해질까요?"라는 물음에 대해 대답하자면, 웨이트 트레이닝이나 격투기를 해서 "불만 있으면 얼마든지 상대해 줄 테니까 덤벼라"라고 할 수 있을 정도로 피지컬을 강하게 만들면 멘탈도 저절로 강해진다. 피지컬은 멘탈에 반영된다. 피지컬이 약하면 당연히 멘탈도 약해진다. 생각하지 마라. 몸을 단련하라. 근육을 만들어라.

험담과 뒷말은
한가한 사람이나 하는 것

험담, 뒷말, 괴롭힘은 전부 한량이나 하는 일이므로
신경 쓰지 마라. 사생활도 일도 잘 풀리고 행복한
사람이 일부러 다른 사람을 일일이 관찰하며 욕을
하는 경우가 있는가? 하는 일이 잘 풀리지 않고
불행하며 한가한 사람이나 험담, 뒷말, 괴롭힘 같은
짓을 한다. '한가한 사람아! 고생이 많다!'라고
생각하면 그만이다. 상대하더라도 손해다.

웨이트 트레이닝으로 굳건한 자신감을 얻다

웨이트 트레이닝은 굳건한 자신감을 심어 준다.
들지 못했던 벤치프레스를 들거나, 두 번 다시
보이지 않을 것 같던 복근이 나타나기 시작하는 등
성장을 계속하며 자신의 한계를 깨부숴 가다 보면
결국 굳건한 자신감을 얻게 된다. '불가능 같은
건 없어'라는 자신감이 생긴다. 이 자신감은
삶의 다른 곳에서도 그대로 발휘할 수 있다.

말로만 떠드는 놈은 무섭지 않다

말만 시끄럽게 하는 녀석은 무섭지 않다. 시끄러운
사람일수록 상대방을 위축시켜 자신의 힘을 필요
이상으로 크게 부풀리지 않으면 불안해서 견딜 수
없는 겁쟁이거나, 주목받고 싶어서 쓸데없는 간섭을
하는 관심종자다. 벌벌 떨 필요 따위 하나도 없다.
진심인 사람은 아무 말 없이 뒤에서 공격해 온다.
말로만 떠드는 사람은 내버려 둬라.

웨이트 트레이닝으로 자신에게 집중하게 된다

타인에게 어떻게 보이는지를 신경 쓰면 불행해진다. 행복한 인생을 보내려면 타인에게 인정받으려 애쓰기보다는 자신이 세운 기준을 목표로 할 필요가 있다. 방법은 간단하다. 웨이트 트레이닝이다. 매일 바뀌는 체형과 체중, 신체 능력의 향상 등을 눈과 숫자로 확인하면서 성장을 여실하게 느낄 수 있다. 그러다 보면 타인의 시선이 아니라 자신만의 기준으로 스스로를 평가하는 버릇이 생긴다. 웨이트 트레이닝은 구원으로 가는 길이다.

괴로움 끝에 보람과 성취감이 온다

설령 어떤 행동이 괴로워서 의욕이 사라져도 일단
하라. 하기 전에는 의지가 없어도 헬스장에서 웨이트
트레이닝을 하고 후회하는 사람, 등산 후 정상에서
후회하는 사람, 마라톤 완주 후 후회하는 사람은
없다. 보람과 성취감은 괴로움 끝에 오기에 가치가
있다. 괴로우면 괴로울수록 가치가 증가한다.
괴로움에 감사하며 웃는 얼굴로 해치워 버려라.

내 주관대로 살아야 하는 절대적인 이유

열심히 한다→의식 과잉이다

열심히 하지 않는다→목표를 좀 더 높이 잡아라

결혼한다→인생의 무덤이다

결혼하지 않는다→얼른 결혼해라

정의감이 강하다→착한 체하지 마라

정의감이 없다→양심이 없다

생각을 말한다→주제넘게 나서지 마라

생각을 말하지 않는다→의견을 말해라

남을 헐뜯는 사람은 무엇을 어떻게 해도 트집을
잡으므로 내 주관을 지키며 살아가자.

비판? 바보 취급? 비웃음? 험담과 뒷말? 이런 것을
하는 사람은 하고 싶은 대로 하게 두면 된다. 내버려
두어라. 타인이 무슨 말을 하든 노력이 물거품이
되지도 않고, 실력이 떨어지지도 않으며, 얻은 것을
뺏기지도 않는다. 아프지도 가렵지도 않다.
헛된 일에 시간을 쓰면서 고생이 많다고 치부하면
그만이다. 당신은 당신이 할 일을 하라.

Q 웨이트 트레이닝을 하면 왜 자신감이 생기나요?

A

 웨이트 트레이닝은
사람이 변할 수
있다는 것을
가르쳐 줍니다.

웨이트 트레이닝을 하는 사람은 기본적으로
자신만만하고 긍정적인 사람이 많은 것 같아요.

웨이트 트레이닝을 하면 자신에 대한 평가가 높아진다는 연구가 있습니다. 16세 전후의 남녀 28명을 대상으로 한 조사인데요(Velez 외, 2010). 남녀를 두 그룹으로 나눠, 한 그룹에서만 12주 동안 주 3회의 웨이트 트레이닝(벤치프레스와 스쿼트 등을 10~15회, 2~3세트)을 실시했습니다. 그 결과 웨이트 트레이닝을 한 군은 근력이 향상되었을 뿐만 아니라 자기 자신과 자신의 몸에 대한 평가가 트레이닝을 하기 전보다 유의미하게 높아졌다고 합니다.

자기 평가가 높아졌다는 말은 자신감이 생겼다고 해석해도 문제가 없겠지요. 더욱이 이 연구에서는 웨이트 트레이닝을 하면 근력이 향상된다는 사실도 알 수 있습니다(당연한 말이지만). 제가 한마디 덧붙이자면, 근력의 향상이 무엇보다 중요합니다. 여러분 중에 자신감이 없어서 당당하게 행동하지 못하거나 타인의 시선을 신경 쓰는 분은 없나요? 저는 그런 분들이 '멘탈을 강하게 만들려면 어떻게 해야 하나요?'라며 상담을 해 올 때마다 거의 매번 같은 대답을 합니다. "웨이트 트레이닝을 하세요"라고. 저를 믿으세요. '불만이 있다면 상대해 줄 테니 직접 덤벼'라고 생각할 만큼 피지컬이 강해지면 당당하게 행동할 수 있고, 타인의 눈 따위 신경 쓰지 않게 됩니다. 약한 것은 멘탈이 아니라 피지컬입니다. 멘탈은 피지컬을 반영합니다. 그러므로 생각하지 마세요. 웨이트 트레이닝을 하세요.

그, 그렇군요(웃음). 앞의 연구에서는 피험자가 비교적 어린데, 성인의 경우는 어떤가요?

 성인을 대상으로 한 연구도 있습니다. 이 연구에서는 18세부터 65세의 비만 경향을 보이는(BMI가 25 이상) 여성 143명을 A군(보디 펌프라는 웨이트 트레이닝 프로그램을 실시한다), B군(개인 트레이너를 붙인다), C군(자기 방식대로 웨이트 트레이닝을 한다), D군(아무것도 하지 않는다)으로 나누었습니다(Heiestad 외, 2016). 12주 동안 주 3회 각각의 프로그램을 실시한 결과, '1년 전과 비교해 지금 당신의 건강을 어떻게 평가하십니까?'라는 질문에 B, C군은 D군에 비해 유의미하게 고득점을 보였습니다. 재밌는 사실은 C군의 득점이 높게 나타났다는 것입니다. 이상하게 들릴지 모르지만, 특별한 성과가 나오지 않았다고 해도 웨이트 트레이닝을 하면 자신에 대한 평가가 높아진다는 의미가 되지요.

 웨이트 트레이닝은 숫자(체중과 다루는 중량), 시각(거울에 비친 자신의 몸), 타인으로부터의 피드백('살 빠졌어?', '근육 생겼어?')으로 성장을 여실히 느낄 수 있으므로 매우 높은 만족감을 얻을 수 있습니다. 무거운 것을 들어 올리고 땀을 흘리는 행위 자체도 성취감이 매우 높고요. 설령 자기만족이라고 해도 자신에 대한 평가가 높아진다면 훌륭한 일이지요. 그러니 자신감이 없다면 꼭 웨이트 트레이닝을 해 보길 바랍니다.

운동을 하고 있다는 성취감과 기쁨이
자신감으로 이어지는지도 모르겠네요.

옛날 생각이 나는군. 저도 운동을 시작한 지 3일째 정도 되던 날, '어? 팔이 조금 두꺼워졌는데?'(그럴 리가 없지만)라던지 '헬스장에서 철저하게 트레이닝하는 나, 진짜 멋있네!'(완전한 자기만족)라고 생각했었지요(웃음).

참고로 고령자를 대상으로 한 연구에서도 웨이트 트레이닝으로 긍정적인 마음이 늘었다는 내용이 있습니다. 65세 이상의 여성 32명을 대상으로 웨이트 트레이닝(스쿼트, 레그익스텐션, 레그프레스, 시티드로우, 풀다운 등)이 감정에 미치는 효과를 조사했습니다(Ericson 외, 2017). 그 결과, 통계적으로 유의미하게 희망적인 감정이 증가하고 부정적인 감정은 감소했습니다.

들으셨나요? 웨이트 트레이닝으로 증가하는 것은 '희망'과 '근육', 줄어드는 것은 '부정적인 사고'와 '군살'입니다. 연구에서도 알 수 있듯이 웨이트 트레이닝을 하면 긍정적인 기분이 증가하고 부정적인 기분이 줄어듭니다. 아무리 해도 부정적인 생각만 든다, 성격이 어두워서 밝아지고 싶다는 사람은 꼭 한번 해 보면 어떨까요? 인생은 밝고 긍정적인 편이 훨씬 즐거우니까요!

웨이트 트레이닝으로 자기 평가가 높아지고
자신감이 생기게 되면서 혹시라도 거만하고
불친절하거나 공격적인 사람이 될 우려는 없나요?

사실은 정반대의 연구 결과가 있습니다. 〈The Prison Journal〉이라는 잡지에 게재된 연구에서는, 텍사스주에 있는 교도소 수감자 202명을 8주 동안 웨이트 트레이닝을 한 군 116명과 하지 않은 군 86명으로 나누어 공격적인 태도(언행), 분노, 적의에 관한 지표를 3회에 걸쳐 측정했습니다(Wagner 외, 1999). 그 결과 웨이트 트레이닝을 한 군에서는 공격적인 태도가 크게 감소했고, 분노와 적의도 감소 경향을 보였습니다. 상대방을 다치게 하는 공격성이 줄어든 것이지요.

하하하. 드디어 내가 말한 '상사도 거래처도 여차하면 힘으로 눌러 버린다고 생각하면 마음에 여유가 생겨 안정된 대응을 할 수 있다' 설이 증명되었다! 연구에서도 알 수 있듯이, 웨이트 트레이닝을 해서 강해지면 오히려 공격성이 줄어듭니다. 강하면 강할수록 여유가 있으므로 친절하고 안정된 대응을 할 수 있는 것이지요. 약하고 자신감이 없으니, 공격성을 띠거나 상대방을 위축시켜 자신의 힘을 필요 이상으로 크게 부풀리지 않으면 불안해서 견딜 수 없어집니다. 웨이트 트레이닝을 해서 모두의 공격성이 줄어들면 세계는 더 평화로워질 테지요.

연구에 따라 웨이트 트레이닝을 하면 공격성이 저하된다는 것은 증명되었지만 원인은 명확하지 않습니다. 자존감 증가와 스트레스 경감 등 여러 요인이 작용했을 겁니다. 따라서 Testosterone 씨의 가설이 한 요인일 가능성은 부정할 수 없지만, 이 연구에서는 증명되지 않았습니다! 당신은 잘못 알고 있어요! 사과하세요!

(히죽히죽)

???

구보 박사님! 박사님을 힘으로 깔아뭉개는
상상을 하고 있어요!

지금 마운트 포지션에서 암바로 넘어가는 중요한 시점이니까 방해하지 마세요!

인간관계에 좌절한 내가 발견한 웨이트 트레이닝이라는 마법

간호학과생
유키 씨의 이야기

중학생 시절 등교 거부를 하게 되었는데
계기는 사소한 것이었어요

진짜
짜증나

아하하
하하하

…

그때는 학교가 제 세계의
전부였기 때문에

유키-
일어났니?

지각
하겠다!

다시 일어설 방법도 몰랐어요

사립 중고등 통합학교여서
계속 똑같은 인간관계를
맺을 생각을 하니 견딜 수 없어
공립 중학교로 전학을 갔는데

그곳에서도 잘 어울리지 못했고…
중학교 3학년 때 엄마의 고향인
규슈로 이사를 갔습니다

매번
똑같은 문제로
고민하고
있어…

딩
동

댕
동

그런데 그곳에서도
또 인간관계에 부딪혔고
깊은 좌절감을 맛보았습니다

감사
합니다

아

유키 학생

교실에
가는 것이
힘들면

내일도
여기로
오렴

네?

보건실도
훌륭한
학교거든

！

네…

보건 교사나
간호사처럼

사람을
돕는 일은
좋은 것 같아…

그렇게 간호학을 배우려면
도쿄로 가야겠다는 생각으로
고등학교 졸업 후 도쿄에 있는
간호학교에 진학했습니다

그런데

그곳에서도 역시 주위 사람들과
어울리지 못했고 울적한 마음을
달래려고 인터넷을 보고 있었는데…

!

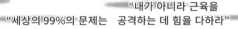

"세상의 99%의 문제는
웨이트 트레이닝과
프로틴으로
해결할 수 있습니다"

"내가 아니라 근육을
공격하는 데 힘을 다하라"

"상사도 거래처도
여차하면 힘으로
눌러 버리겠다고
생각했을 때 얻게 되는
신비의 전능한 힘"

"인생도 웨이트 트레이닝도
부정적인 마음을 전부
활용할 것"

Testosterone 님의 웨이트 트레이닝 어록을 알게 되었고…
조언 하나하나가 마음에 와닿아서

웨이트 트레이닝으로
고민이 해결된다면
해 보자고

근처 동네에 있는
스포츠 센터로 갔습니다

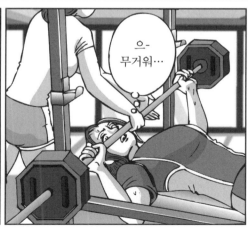

으-
무거워…

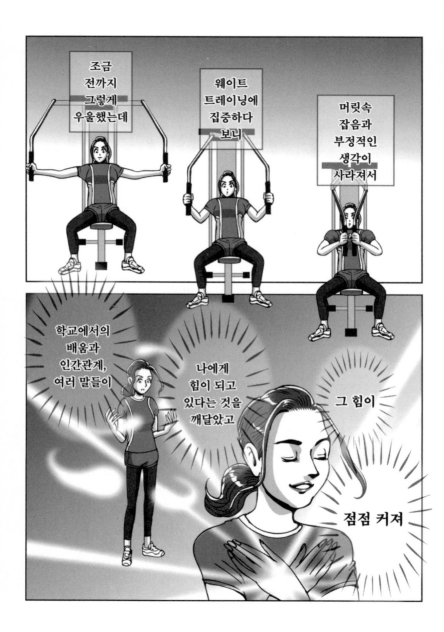

180도 변했습니다!

딩
동
댕
동

유키

안녕—

마치며

웨이트 트레이닝을 하면 무엇이든지 해결할 수 있다고 줄곧 말해온 저도 우울할 때나 기분이 좋지 않을 때가 있습니다. 그럴 때면 트위터 등에 달리는 '웨이트 트레이닝은 진짜 최강의 솔루션이었어요! Testosterone 님 감사합니다!'라는 말이 힘이 됩니다. 제 말을 계기로 웨이트 트레이닝을 시작해 인생이 좋게 변했다고 말해 주는 사람이 있는데 당사자인 본인이 축 처질 수는 없는 법이지요. 웨이트 트레이닝에는 이 책 한 권에 다 담을 수 없을 정도의 가치가 있는데, 그중에서도 가장 큰 재산은 웨이트 트레이닝을 통해 만날 수 있는 한없이 긍정적인 동료들입니다. 웨이트 트레이닝을 시작하고 웨이트 트레이닝에 대해 이야기하는 사람의 표정은 모두 밝습니다. 긍정적인 분위기에 이끌리듯 저도 기운을 되찾습니다. 웨이트 트레이닝이 긍정을 부르고 긍정이 긍정을 부릅니다. 저는 항상 그러한 동료들에게 도움을 받습니다. 이 자리를 빌려 감사의 말을 전하고 싶습니다. 감사합니다.

저의 인생은 웨이트 트레이닝으로 바뀌었습니다. 이렇게 확신하는 이유는 웨이트 트레이닝을 시작하고 나서 5, 6년 후의 일 덕분입니다. 하루하루를 필사적으로 보내다 문득 돌아보니 웨이트 트레이닝이 계기였다는 사실을 깨달은 것이지요. 하지만 사실은 웨이트 트레이닝의 은혜를 느끼기까지 걸린 시간은 그렇게 길지 않았습니다. 시스템만 이해한다면 웨이트 트레이닝으로 단기간에 인생을 바꿀 수 있습니다. 그 증거로 저에게 메시지를 보내 주신 분은 모두 수개월에서 반년 만에 인생이 완전히 바뀌었다고 합니다. 그리고 이 책에서는 과학적 증거를 제시하며 그 시스템을 철저하게 해설했습니다. 자, 다음은 여러분이 인생을 바꿀 차례입니다.

저의 발언이 과장되었다고 생각하는 분이 많을지도 모르지만, 최근에는 오히려 발언 수준이 약해지지 않았나 생각하기 시작했습니다. 그 정도로 트위터에 많은 메시지가 도착합니다. '여자친구가 생겼고 이직도 결정되었고 거기다 직급도 월급도 올랐습니다! 모두 웨이트 트레이닝 덕분이에요!'처럼 너무 순조롭게, 저보다 더 잘 풀리고 있는(웃음) 듯한 메시지를 많이 보내 주십니다.

웨이트 트레이닝으로 인생은 반드시 좋아집니다. 그 이유가 무엇인가를 논리적으로 설명하는 것이 이 책입니다. 웨이트 트레이닝의 연구에 진지하게 임하는 구보 박사의 힘을 빌려, 과학적 증거에 입각한 뛰어난 내용을 실었다고 생각합니다. 하지만 솔직하게 말하자면 웨이트 트레이닝의 매력은 이론만으로는 설명할 수 없습니다. 제가 지겹도록 호소하는 내용은 헬스장에 가서 수개월 동안 웨이트 트레이닝을 계속하고 근육의 성장을 실감하면 저절로 알게 될 것입니다. 그러나 웨이트 트레이닝을 하지 않으면 절대로 알 수 없습니다. 그러므로 우선 군말 없이 웨이트 트레이닝을 시작해 보길 바랍니다. 세계 최고봉의 지식이 있어도 그것을 사용하지 않으면 손톱만큼의 가치도 없습니다. 웨이트 트레이닝이 얼마나 엄청난 것인가를 알고 있어도, 실제로 웨이트 트레이닝을 하지 않으면 아무 의미도 없습니다. 과장이 아닙니다. 여기에서 행동으로 옮기느냐 옮기지 않느냐로 여러분의 인생이 바뀌느냐 바뀌지 않느냐가 결정됩니다. 책을 내려놓으세요. 독서는 이제 충분합니다. 자, 몸을 움직이는 겁니다. 웨이트 트레이닝입니다! 웨이트 트레이닝을 합시다!

Testosterone

참고 문헌

[제1장]

O'Connor, P. J., Herring, M. P. and Carvalho, A. Mental health benefits of strength training in adults. Am J Lifestyle Med. 2010;4(5), 377-396.

Tsutsumi T, Don BM, Zaichkowsky LD, Takenaka K, Oka K, Ohno T. Comparison of high and moderate intensity of strength training on mood and anxiety in older aduls. Percept Mot Skills. 1988;87(3 Pt 1):1003-11.

Singh NA, Stavrinos TM, Scarbek Y, Galambos G, Liber C, Fiatarone singh MA. A randomized controlled trial of high versus low intensity weight training versus general practitioner care for clinical depression in older adults. J Gerontol A Biol Sci Med Sci. 2005;60(6):768-76.

Broocks A, Bandelow B, Pekrun G, et al. Comparison of aerobic exercise, clomipramine, and placebo in the treatment of panic disorder. Am J Psychiatry. 1998;155(5):603-9.

Ohira T, Schmitz KH, Ahmed RL, Yee D. Effects of weight training on quality of life in recent breast cancer survivors: the Weight Training for Breast Cancer Survivors (WTBS) study. Cancer. 2006;106(9):2076-83.

Häkkinen A, Häkkinen K, Hannonen P, Alen M. Strength training induced adaptations in neuromuscular function of premenopausal women with fibromyalgia: comparison with healthy women. Ann Rheum Dis. 2001;60(1):21-6.

Hayden JA, Van tulder MW, Tomlinson G. Systematic review: strategies for using exercise therapy to improve outcomes in chronic low back pain. Ann Intern Med. 2005;142(9):776-85.

Hayden JA, Van tulder MW, Malmivaara AV, Koes BW. Meta-analysis: exercise therapy for nonspecific low back pain. Ann Intern Med. 2005;142(9):765-75.

Hayden JA, Van tulder MW, Malmivaara A, Koes BW. Exercise therapy for treatment of non-specific low back pain. Cochrane Database Syst Rev. 2005;(3):CD000335.

[제2장]

일본 항가령의학회 URL : http://www.anti-aging.gr.jp

Sayer AA, Syddall H, Martin H, Patel H, Baylis D, Cooper C. The developmental origins of sarcopenia. J Nutr Health Aging. 2008;12(7):427-32.

Lixandráo ME, Damas F, Chacon-mikahil MP, et al. Time Course of Resistance Training-Induced Muscle Hypertrophy in the Elderly. J Strenth Cond Res. 2016;30(1):159-63.

Hinton PS, Nigh P, Thyfault J. Effectiveness of resistance training or jumping-exercise to increase bone mineral density in men with low bone mass: A 12-month randomized, clinical trial. Bone. 2015;79:203-12.

Colcombe S, Kramer AF. Fitness effects on the cognitive function of older adults: a meta-analytic study. Psychol Sci. 2003;14(2):125-30.

Busse AL, Gil G, Santarém JM, Jacob filho W. Physical activity and cognition in the elderly: A review. Dement Neuropsychol. 2009;3(3):204-208.

Langberg H, Rosendal L, Kjaer M. Training-induced changes in peritendinous type I collagen turnover determined by microdialysis in humans. J Physiol (Lond). 2021;534(Pt 1):297-302.

[제3장]

Crossley KL, Cornelissen PL, Tovée MJ. What is an attractive body? Using an interactive 3D program to create the ideal body for you and your partner. PLoS ONE. 2012;7(11):e50601.

Bloomquist K, Langberg H, Karlsen S, Madsgaard S, Boesen M, Raastad T. Effect of range of motion in heavy load squatting on muscle and tendon adaptations. Eur J Appl Physiol. 2013;113(8):2133-42.

Ciccolo JT, Santabarbara NJ, Dunsiger SI, Busch AM, Bartholomew JB. Muscular strength is associated with self-esteem in college men but not women. J Health Psycol. 2016;21(12):3072-3078.

[제 4 장]

Facer-childs E, Brandstaetter R. The impact of circadian phenotype and time since awakening on diurnal performance in athletes. Curr Biol. 2015;25(4):518-22.

Lennemann LM, Sidrow KM, Johnson EM, Harrison CR, Vojta CN, Walker TB. The influence of agility training on physiological and cognitive performance. J Strength Cond Res. 2013;27(12):3300-9.

Mavros Y, Gates N, Wilson GC, et al. Mediation of Cognitive Function Improvements by Strength Gains After Resistance Training in Older Adults with Mild Cognitive Impairment: Outcomes of the Study of Mental and Resistance Training. J Am Geriatr Soc. 2017;65(3):550-559.

https://www.health.harvard.edu/press_releases/regular-exercise-releases-brain-chemicals-key-for-memory-concentration-and-mental-sharpness

http://www.afpbb.com/articles/-/2378515

https://www.businessinsider.com/exercise-routines-of-highly-successful-people-2016-4/#president-barack-obama-sweats-it-out-45-minutes-a-day-six-days-a-week-1

https://www.entrepreneur.com/article/276760

[제 5 장]

Willis LH, Slentz CA, Bateman LA, et al. Effects of aerobic and/or resistance training on body mass and fat mass in overweight of obese adults. J Appl Physiol.

2012;113(12):1831-7.

Benito PJ, Alvarez-sánchez M, Diaz V, et al. Cardiovascular Fitness and Energy Expenditure Response during a Combined Aerobic and Circuit Weight Training Protocol. PLoS ONE. 2016;11(11):e0164349.

Donnelly JE, Blair SN, Jakicic JM, et al. American College of Sports Medicine Position Stand. Appropriate physical activity intervention strategies for weight loss and prevention of weight regain for adults. Med Sci Sports Exerc. 2009;41(2):459-71.

Vink RG, Roumans NJ, Arkenbosch LA, Mariman EC, Van baak MA. The effect of rate of weight loss on long-term weight regain in adults with overweight and obesity. Obesity (Silver Spring). 2016;24(2):321-7.

[제 6 장]

Stamatakis E, Lee IM, Bennie J, et al. Does strength promoting exercise confer unique health benefits? A pooled analysis of eleven population cohorts with all-cause, cancer, and cardiovascular mortality endpoints. Am J Epidemiol. 2017;

세계보건기구 Global recommendations on physical activity for health : http://www.who.int/dietphysicalactivity/factsheet_recommendations/en/

Ruiz JR, Sui X, Lobelo F, et al. Association between muscular strength and mortality in men: prospective cohort study. BMJ. 2008;337:a439.

Global bmi mortality collaboration, Di angelantonio E, Bhupathiraju ShN, et al. Body-mass index and all-cause mortality: individual-participant-data meta-analysis of 239 prospective studies in four continents. Lancet. 2016;388(10046):776-86.

Strasser B, Pesta D. Resistance training for diabetes prevention and therapy: experimental findings and molecular mechanisms. Biomed Res Int. 2013;2013:805217.

Eves ND, Plotnikoff RC. Resistance training and type 2 diabetes: Considerations for implementation at the population level. Diabetes Care. 2006;29(8):1933-41.

[제 7 장]

Morton SK, Whitehead JR, Brinkert RH, Caine DJ. Resistance training vs. static stretching: effects on flexibility and strength. J Strength Cond Res. 2011;25(12):3391-8.

Hart L. Effect of stretching on sport injury risk: a review. Clin J Sport Med. 2005;15(2):113.

Thacker SB, Gilchrist J, Stroup DF, Kimsey CD. The impact of stretching on sports injury risk: a systematic review of the literature. Med Sci Sports Exerc. 2004;36(3):371-8.

Lee JWY, Mok KM, Chan HCK, Yung PSH, Chan KM. Eccentric hamstring strength deficit and poor hamstring-to-quadriceps ratio are risk factors for hamstring strain injury in football: A prospective study of 146 professional players. J Sci Med Sport. 2017;

Hawley JA. Molecular responses to strength and endurance training: are they incompatible?. Appl Physiol Nutr Metab. 2009;34(3):355-61.

Meijer JP, Jaspers RT, Rittweger J, et al. Single muscle fibre contractile properties differ between body-builders, power athletes and control subjects. Exp Physiol. 2015;100(11):1331-41.

Pareja-blanco F, Rodríguez-rosell D, Sánchez-medina L, et al. Effects of velocity loss during resistance training on athletic performance, strength gains and muscle adaptations. Scand J Med Sci Sport. 2017;27(7):724-735.

Nieman DC, Pedersen BK. Exercise and immune function. Recent developments. Sports Med. 1999;27(2):73-80.

[제 8 장]

Velez A, Golem DL, Arent SM. The impact of a 12-week resistance training program on strength, body composition, and self-concept of Hispanic adolescents. J Strength Cond Res. 2010;24(4):1065-73.

Heiestad H, Rustaden AM, Bø K, Haakstad LA. Effect of Regular Resistance

Training on Motivation, Self-Perceived Health, and Quality of Life in Previously Inactive Overweight Women: A Randomized, Controlled Trial. Biomed Res Int. 2016;2016:3815976.

Ericson H, Skoog T, Johansson M, Wåhlin-larsson B. Resistance training is linked to heightened positive motivational state and lower negative affect among healthy women aged 65-70. J Women Aging. 2017;:1-16.

Matthew Wagner, Ron E. McBride, Stephen F. Crouse. The Effects of Weight-Training Exercise on Aggression Variables in Adult Male Inmates. Prison J. 1999;

※ 게재한 URL은 2022년 6월 기준입니다.

살고 싶다면 웨이트

가장 과학적인 근력 예찬론

초판 발행 2022년 7월 18일
1판 2쇄 2023년 5월 2일
펴낸곳 현익출판
발행인 현호영
지은이 테스토스테론, 구보 다카후미
옮긴이 김향아
편 집 황현아
디자인 임림
주 소 서울시 마포구 백범로 35, 서강대학교 곤자가홀 1층
팩 스 070.8224.4322
이메일 uxreviewkorea@gmail.com

ISBN 979-11-92143-38-5